中国银团贷款市场研究

——国家开发银行银团贷款操作与实践

魏 维 谭 波 编著

中国财政经济出版社

图书在版编目（CIP）数据

中国银团贷款市场研究：国家开发银行银团贷款操作与实践/魏维，谭波编著.—北京：中国财政经济出版社，2013.12

ISBN 978-7-5095-4935-3

Ⅰ.①中… Ⅱ.①魏…②谭… Ⅲ.①开发银行-银团贷款-经验-中国 Ⅳ.①F832.4

中国版本图书馆 CIP 数据核字（2013）第 269584 号

责任编辑：蔺红英　郁东敏　　　　　责任校对：王　英
封面设计：陈　瑶

中国财政经济出版社 出版

URL：http://www.cfeph.cn

E-mail：cfeph@cfeph.cn

（版权所有　翻印必究）

社址：北京市海淀区阜成路甲 28 号　邮政编码：100142
营销中心电话：88190406　北京财经书店电话：64033436　84041336
北京中兴印刷有限公司印刷　各地新华书店经销
710×1000 毫米　16 开　13.75 印张　166 000 字
2013 年 12 月第 1 版　2013 年 12 月北京第 1 次印刷
定价：30.00 元
ISBN 978-7-5095-4935-3/F·4001
（图书出现印装问题，本社负责调换）
质量投诉电话：88190744

本书编写组

主　编：魏　维　谭　波

副主编：王婉婷

成　员：（排名不分先后）
　　　　王海玉　曹　嘉　张　羽　王子睿
　　　　张祖刚　陈　怡　李德峰　赵昱光
　　　　郭晓焜　李佳音　黄　硕　刘　朋
　　　　孙韶堃　夏雨濛　王希哲　田冰慧

序 言

　　银团贷款作为银行同业间合作的重要金融产品，既是支持实体经济发展的重要方式，又是分散金融风险的重要手段。近年来，在中国银监会和中国银行业协会的扶持与推动下，我国银团贷款市场机制建设逐步推进，监管与自律体系逐步建立，市场发展环境逐步改善，全行业银团贷款余额从2005年末的0.23万亿元，增长到2013年6月末的4.14万亿元，银团贷款占公司贷款比例由1.72%提高到10.12%，银团贷款平均不良率只有0.069%，不到同期商业银行贷款平均不良率0.96%的1/10，银团贷款市场实现了跨越式的健康发展。

　　国家开发银行在中国银团贷款市场规模拓展、流程完善、市场建设、对外宣传、人员培训、系统建设等方面都发挥了积极的带头作用，目前是银团贷款与交易专业委员第四届主任单位。国家开发银行具有非常丰富的国内外银团贷款操作经验，尤其是在服务国家战略的重大银团项目上，更是具有独特的优势和特点。国家开发银行信贷管理局作为国家开发银行人民币信贷资产和表外受托管理资产的信贷管理部门，建立了一套流程化、系统化、科学化的中长期信贷资产信贷管理体系和方法。因此，国家开发银行银团贷款信贷管理的理论研究和实践方法具有更重要的借鉴意义。

　　"推进政策性金融机构改革"作为中共中央关于全面深化改革若干重大问题的决定的一条具体意见，必然推动国家开发银行在战略方向、资产结构、盈利模式及信贷管理等诸多方面进行重新定位。当下，中国经济社会发展进入"增速降一档、转型快一拍"的改革攻坚期，国家开发银行也应进一步提升服务国家战略手段的市场化水平,实行以信贷资产为基础、涵盖其衍生业务的综合管理,提高精细化信贷管理水平,切实做到降本增效。银团贷款这一比双边贷款更具有优势的业务产品,应该作为国家开发银行未来产品业务条线中的一个重要组成部分。同时,国家开发银行应大力借鉴国际成熟银团市场中的一些操作和管理理念,例如加大分销力度、强化牵头行"中间服务"的职能等,使国家开发银行银团贷款产品功能定位进一步多元化,成为调节信贷资产结构、提高综合收益和树立同业信贷合作品牌的重要手段。

与国际成熟市场相比,我国银团贷款仍然处于规模增长的初级阶段,为了在银团贷款规模快速增长的进程中引入良性的运作机制,我们在银团贷款合作环境和配套市场环境的改善、参与主体合作理念和经营理念的转变、产品模式创新和风险规避、贷款流程专业化和贷款管理规范化等多方面仍任重而道远。《中国银团贷款市场研究——国家开发银行银团贷款操作与实践》一书基于国家开发银行多年来银团贷款发展经验的理论和实务总结,从理论到实践、从国外到国内、从宏观到微观等多维度阐述了银团贷款业务在市场化改革新形势下发展的新理念和新突破。本书既可作为国家开发银行银团贷款业务发展方向的指引,也可作为银行从业者进行理论研究和实践操作的一盏明灯。希望读者可以从国家开发银行银团贷款业务丰富的操作经验和新时期的转型规划中受到启发,信守"合作、发展、共赢"的理念,"规避行业竞争极限,创造银团合作红利",共同努力提升中国银团贷款的发展层次和水平,为银行业和经济社会共同持续科学稳健发展做出更大贡献。

中央财经大学副校长
2013 年 11 月

前　言

《中国银团贷款市场研究——国家开发银行银团贷款操作与实践》是国家开发银行信贷管理局与中央财经大学合作研究课题的系列成果之一。本书基于国家开发银行多年来银团贷款发展实践，结合理论分析进行总结，针对存在问题提出发展建议。课题内容凝聚了内外部众多具有丰富信贷管理经验同仁的智慧，希望本书能够与国内金融从业者碰撞出一定的思想火花。

近年来，我国银团贷款市场经历了快速的发展，银团贷款初步形成了规范的操作体系和市场合作理念。国家开发银行自开展银团贷款业务以来，根据自身中长期批发银行服务国家战略的特点，不断精心设计和完善该业务品种。近20年的稳健发展奠定了国家开发银行无可争议的银团贷款市场主力行地位。然而，国家开发银行银团贷款业务在国内银团贷款市场主体参与不充分、相应配套市场和机构尚未成熟的环境下，也同样面临着自身在产品创新、同业合作等方面的难题。银团贷款作为商业银行分散信贷风险的重要工具，在当前宏观经济形势下对防范信贷集中度风险、支持中国实体经济发展具有重要意义。本书以发现、解决国家开发银行银团贷款业务信贷管理和业务难题为初衷，以提出、倡议在金融市场化改革大环境的驱动下，改进银行业银团贷款市场发展环境和转变银团贷款参与主体经营理念为己任，在思考新形势下国家开发银行自身银团贷款业务战略定位和未来发展方向的同时，对带动国内银行业银团贷款市场健康前行抛砖引玉。

本书重新审视了银团贷款业务在国家开发银行的功能定位，并指出银团贷款产品应该不仅仅成为"服务国家战略、分散主体风险"的传统信贷工具，还应该扩展衍生为调整资产结构、提升综合收益的重要手段。中国银行业银团贷款的操作理念，既应对银团贷款信贷资产"持有并管理"，也应加大银团分销力度，强化银团贷款牵头行为银行业机构搭建合作平台的"中间人"角色，通过优质金融服务提升综合收益，同时促进银行信贷资产的流动性管理和信用风险控制。

《中国银团贷款市场研究——国家开发银行银团贷款操作与实践》具有以下特点：（1）理论介绍与实践操作并重。本书在系统介绍银团贷款理论的同时，强调实用性和操作指导，并收编了国家开发银行操作的部分银团贷款案例。（2）国内外最新数据分析。本书搜集了国际市场上最新的银团贷款市场数据，并细分为美洲、欧洲、亚太等多个地区，分析2013年的银团市场走势，揭示了各个市场中参与主体的活跃程度。（3）前瞻性。基于国内外银团贷款理论和实践的对比总结以及国家开发银行难题分析，对银团贷款市场作出了前瞻性展望。

本书分为两部分：第一部分概述银团贷款基本理论，采用对比分析的方法深度介绍了国内外银团贷款业务的发展，包括国内外银团贷款市场发展历程回顾、国内外银团贷款市场发展现状比较，并在对比总结中指明我国银团贷款市场发展的滞后之处；同时，从监管机构、监管法规两个方面介绍国内外监管环境，分析了国内外银团贷款业务操作的一般流程，选取部分银行作为案例，供国家开发银行银团贷款业务借鉴。第二部分为国家开发银行银团贷款业务现状介绍及战略定位分析。此部分深入分析国家开发银行银团贷款业务发展状况，深入剖析国家开发银行面临的内外困境，并参考国外成熟市场的产品类型、管理规定和制度建设,就面临的难题分别提出有针对性的解决方案和政策建议,由此探析国家开发银行银团贷款业务未来战略定位及发展方向。

本书的编撰得到了中央财经大学史建平教授的悉心指导和帮助;国家开发银行信贷管理局、河南分行和天津分行专门抽调业务骨干全程参与;同时也要感谢中国财政经济出版社贾杰社长和他的编辑团队,彼此的相互信任和默契使得我们的研究成果能够以最好的质量和最快的速度呈现给大家。值此书付梓之际,谨向所有指导、关心、支持本书编撰的领导、专家、同仁们表示诚挚的感谢。受限于编撰时间紧迫,编撰人员理论水平和实践经验仍存在一定局限,本书存在着诸多不足之处,恳请广大同行及读者批评指正。

编写组

2013 年 11 月

目 录

全文结构图 / 1

第一章 银团贷款基本理论 / 3
第一节 银团贷款基本特点和理论基础 / 5
第二节 银团贷款一般操作流程 / 12

第二章 国际银团贷款市场发展状况 / 19
第一节 国际银团贷款市场发展状况 / 21
第二节 国际银团贷款二级市场发展状况 / 30
第三节 国内银团贷款市场发展状况 / 34
第四节 国内银团贷款二级市场发展状况 / 41
第五节 国际银团贷款市场发展比较总结 / 46

第三章 国际银团贷款监管环境分析 / 49
第一节 国际银团贷款市场监管环境 / 51
第二节 国内银团贷款市场监管环境 / 60

第四章 国际机构银团贷款业务操作分析 / 65
第一节 国际机构银团贷款业务操作整体比较 / 67
第二节 国际典型机构银团贷款业务操作比较 / 73
第三节 国际机构银团贷款业务操作经验借鉴 / 80

1

第五章 国家开发银行银团贷款业务发展状况 / 89
第一节　国家开发银行银团贷款业务发展历程 / 91
第二节　国家开发银行银团贷款项目操作案例 / 98

第六章 国家开发银行银团贷款业务难题分析及对策建议 / 115
第一节　国家开发银行银团贷款业务面临的难题 / 117
第二节　国家开发银行开展银团贷款业务的对策建议 / 126

第七章 国家开发银行银团贷款业务战略定位及发展方向探析 / 139
第一节　国家开发银行信贷业务特点分析及其面临风险的特殊性 / 141
第二节　发展银团贷款市场的必要性分析 / 145
第三节　国家开发银行银团贷款业务战略定位 / 148

附件 / 157
附件1　各地关于"银团贷款额度范围界定"的政策法规 / 159
附件2　各地关于"银团贷款份额分配与定价"的政策法规 / 165
附件3　各地银行业协会公约 / 167
附件4　其他银行操作的部分银团贷款实例 / 168
附件5　银团贷款业务指引 / 190
附件6　银团贷款合作公约 / 201

参考文献 / 205

全文结构图

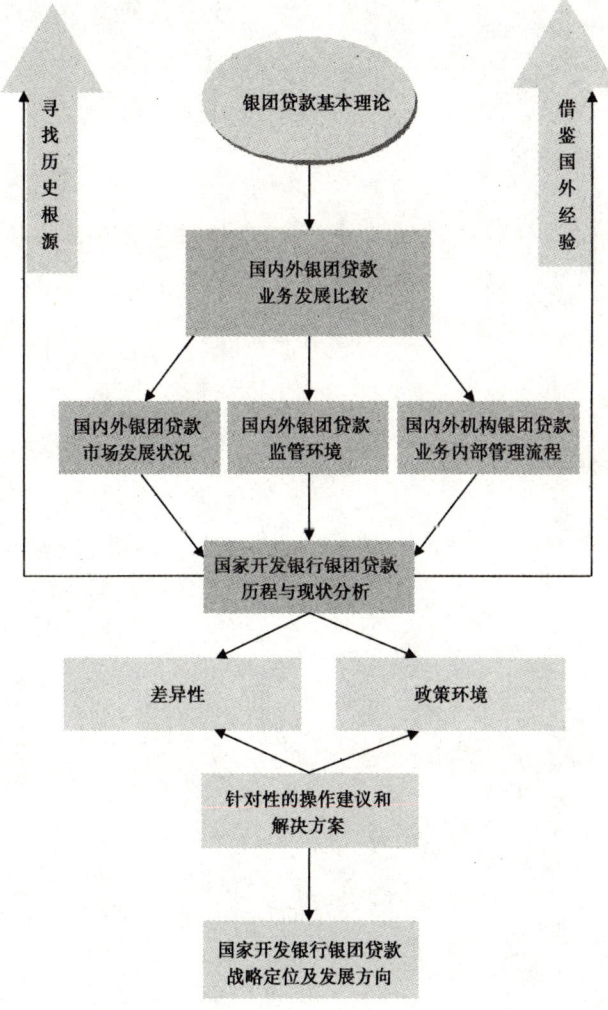

SYNDICATION LOAN

第一章
银团贷款基本理论

第一节 银团贷款基本特点和理论基础

一、银团贷款的定义和特点

（一）基本定义

西方对银团贷款有过不同的表述和定义，比较有代表性的是《欧洲货币》（《Euromoney》，是一本在世界金融经济行业内享有很高知名度和权威性的杂志），它将银团贷款定义为："A syndication loan is a loan made by two or more lending institutions, on similar terms and conditions, using common documentation and administered by a common agent."

国内，1997年中国人民银行颁布的《银团贷款暂行办法》对银团贷款定义如下："银团贷款是由获准经营贷款业务的多家银行或非银行金融机构，采用同一贷款协议，按商定期限和条件向同一借款人提供资金的贷款方式。"2011年,中国银行业监督管理委员会修订的《银团贷款业务指引》将银团贷款定义为:"银团贷款是由两家或两家以上银行基于相同贷款条件,依据同一贷款合同,按约定时间和比例,通过代理行向借款人提供的本外币贷款或授信业务。"

国内有人将"syndication loan"称为辛迪加贷款。实际上,银团贷款包括辛迪加贷款和联合贷款。辛迪加贷款是由数家商业银行联合组成一个银行集团共同向借款人提供一笔中长期贷款。习惯上,对银团贷款、辛迪加贷款与联合贷款的概念不必详加区分。

(二) 银团贷款的特点

银团贷款一般具有贷款金额大、期限长的特点,适用于满足借款人各种期限的本外币流动资金贷款、固定资产贷款、项目融资及其他授信业务需求。银团贷款还可对现有各种形式的双边贷款进行置换,起到调整贷款结构、统一授信条件、完善担保方式、降低管理成本的作用。

相对于双边贷款,银团贷款具有以下特点:

1. 一致性,即银团各成员行基于相同的贷款条件,使用同一贷款协议。银团筹组阶段,具有差异化信贷偏好的贷款人,在全面认识和评估银团贷款项目的基础上,能够更为准确地把控风险。这一特点使得银团贷款比双边贷款具有更强的信用识别能力,也提高了贷款人参加银团贷款的积极性。需要指出的是,一致性中所说的相同贷款条件,是指那些对信贷风险有影响的主要条件,不排除一些不影响银团差异化安排的存在。

2. 独立性,指银团的贷款行根据牵头行提供的信息备忘录进行独立的判断和评审作出贷款决策。这是银团组团最根本的基础,数家或数十家的贷款人按照独立性原则组织在一起,在银团执行的全过程中，按照一定的规则独立决策是否参与每次提款，独立作出每个决定，促成银团的稳定性和安全性。

3. 统一性，指银团贷款法律文件签署后，由代理行统一负责合同的执行和贷款管理。在银团贷款中，代理行根据银团贷款协议行使职责，全部成员行基于信任，委托代理行代为处理各项工作。

4. 比例共享原则。比例共享典型体现在银团的提款和放款环节中，各成员行依照银团协议约定的出资份额提供贷款资金，并按比例回收贷款本息。当然，比例共享原则还体现在诸如会议表决等其他方面，这充分体现了银团中的公平原则，风险、收益和权力都是对等的①。

二、银团贷款的理论基础

（一）合作博弈理论——共赢效应

美国学者罗伯特·阿克塞尔罗德（Robert Axelrod）在《合作的进化》中，通过对多人多次重复博弈的对策研究，指出在博弈中产生合作的必要条件和获胜策略的主要特征。当策略群体是按各种策略得分进行淘汰和进化时，阿克塞尔罗德发现群体以一种不可逆转的方式向合作的方向进化，即群体的合作性随着进化过程越来越强。

设定两个前提：一是每家银行都是自私的；二是没有权威干预个人决策。也就是说，银行可以完全按照自己利益最大化原则进行决策。在此前提下，合作要研究的问题是：一是银行为什么

---

① 中国银行业协会银团贷款与交易专业委员会：《银团贷款理论与实务》，中国金融出版社2011年版。

要合作;二是银行什么时间合作,什么时间不合作。

A 和 B 各表示一家银行,他们的选择是完全无差异的。选择 C 代表合作,选择 D 代表不合作;如果 A、B 都选择 C 合作,则两家各得 0.3 分;如果 A 选 C、B 选 D,或 A 选 D、B 选 C,则选 C 的得零分,选 D 的得 0.5 分;如果 A、B 都选 D,双方各得 0.1 分。显然,对群体来说最好的结果是双方都选 C,各得 0.3 分,共得 0.6 分。

表 1-1　　　　　　　　策略收益分析表

策略组合	选择 C	选择 D
选择 C	R=0.3, R=0.3	S=0, T=0.5
选择 D	T=0.5, S=0	P=0.1, P=0.1

这个矩阵可以用来描述个体理性与群体理性的冲突:每个人在追求个体利益最大化时,群体利益就受到损害,这就是囚徒困境。对于 A 来说,无论对方选择 C 或 D,A 选 D 都得分最多,这是 A 单方面的最优策略;同理,B 的最优策略也是选择 D。但是两个最优策略相遇,即 A、B 都选 D 时,结果是各得 0.1 分。这个结果在矩阵中并非最优。这个决策的困境在于,每个人采取各自的最优策略时,得出的解是稳定的,但不是帕累托最优,结果体现了个体理性与群体理性的矛盾。

如果博弈在多家银行间进行,选择合作还是不合作、合作次数未知时,银行该如何决策,这主要根据重复博弈的概率确定。理论研究的结果表明,重复博弈的机会越多,对手越趋向于合作;在银团贷款中,各家银行之间重复博弈的概率越大,合作的机会也就越大。

(二)外部效应理论——内部化效应

"外部经济"在经济学里是一个十分明确的概念。一般来说如果某人或某家企业从事经济活动时给其他个体带来危害或利益，而该人或该企业又没有为此支付赔偿或得到报酬，那么这种危害或利益称为"外部经济"。外部效应的存在破坏了完全竞争市场配置资源的优越性。

银团贷款的本质是分担不确定性风险，规避这种不确定性风险对银行信贷管理决策的约束。如果一家银行单独率先投入，有可能因为项目没有按照预期的方向发展而造成贷款损失，贷款投入便变为沉没成本，而其他银行在信息透明的状况下，不会再对该项目发放贷款。但一旦初次贷款发放后项目发展形势良好，项目风险逐渐减少，其他银行便蜂拥而至坐享其成，而最先放贷的银行无法阻止其他银行对该项目进行放贷，这便是银行开发信贷市场的外部经济性。由于外部经济性的存在，在项目开始任何一家银行都会采取等待策略，等待某一家银行率先投入贷款，并观察项目的发展状况，银行间博弈开始展开。

消除这种外部经济性的方式一般说来有两种：一种是率先贷款的银行向企业或其他银行收取一定补偿费。这种方式在现实中是不可能实现的，而且补偿费与可能造成的贷款损失相比微不足道。另一种方式是将外部经济内部化。科斯认为，如果产权明确，协商是无成本的，那么在有外部效应的市场上交易双方总能通过协商达到某种帕累托最优配置，不管产权划归哪一方。银团贷款正是银行间多边协商的结果，通过协商规定了参加行必须按协议发放贷款，不管项目向何种方向发展，这样其他银行就不能享受正的外部效应，因为针对贷款风险的外部效应已经内部化了。因此，银团贷款是一定条件下外部经济内部化的有效方式。

(三) 交易成本理论——规模效应

约翰·G.格利和爱德华·S.肖认为，金融中介之所以存在是由于金融市场较高的交易成本。金融中介把许多投资者的资金聚合起来，随着交易规模的扩大，单位投资的交易成本就会下降。本森和史密斯（Benson，Smith，1976）将金融中介看作金融产品的生产者，认为金融中介之所以存在是因为它能降低交易成本。交易成本包括搜寻成本、获得信息的成本、评估和监督投资的成本以及代理成本等。而降低交易成本的方式有几种，其中最基本的方式是作为做市商，为潜在的买卖双方聚在一起提供场所，从而降低信息成本。

首先，银团贷款将所有的银行组成一个银团，在银团中利用其专门技术和规模经济降低资产评估成本和代理监督成本，省去了每家银行分别对借款人的资格审查程序，大大降低了贷款的融资成本。

其次，银团贷款成功组织过后，对各家参与银行来说可以增强它们在同业间的声誉；同时，银团贷款降低了搜寻成本、信息成本（包括获得和甄别成本），无需大量耗费精力，大大节约搜寻和监控成本。

三、银团贷款与其他债务融资工具的比较

与发行债券和股权融资相比，银团贷款无需外部评级，可以最便捷、最高效的方式满足企业大额资金需求。另外，银团弹性的提款和还款的安排，可让借款人根据资金使用计划充分合理地运用资金，提高资金利用率，还款时可按企业的现金流特点做相匹配的安排。在这样的安排下，借款人通过一笔融资获得了多家银行的信用，银行与借款人的关系更加容易协调。面对多家银行的营销与竞争，通过银团的模式平衡各家银行的竞争，也有利于借款人市场形象的树立。在我国，大量的基础设施投资需要特别稳定的资金供应，银团贷款可以综合各家贷款人的智慧和力量，

改善对项目建设、集团发展、经济联合的金融服务,解决企业在信贷紧缩周期内经常出现的只获得银行内部授信而无法保证资金供应、后续贷款难以落实的问题。

表1-2　　　　银团贷款与其他债务融资工具的比较

	银团贷款	其他债务融资工具
借款人资质	有无外部评级皆可	通常要求有外部评级
资金提供者	商业银行为主	各类机构投机者
提款/还款	灵活	一次性提款/还款
监管机构登记	不需要	通常需要债务登记或政府批准
运作时间	通常两个月左右	企业(公司)债时间较长
综合发行费用	牵头安排费/代理费/法律等,费用相对较低	法律/尽职调查/路演/文件制作/上市等,费用相对较高

四、银团贷款承销方式

银团贷款按照承销方式的不同,国际上一般分为全额包销交易(Underwritten Deal)、最大努力银团(Best Efforts Syndication)交易和俱乐部贷款(Club Deal)。国内较为常见的是全额包销、部分包销和尽最大努力推销,其概念和操作与国际基本类似。

(一)全额包销交易

在全额包销交易下,牵头行承诺满足借款者所要求的全部贷款需求,这也就意味着当银团的放款额度没有全部分销时,牵头行等银团成员自身需要承担剩余额度,而后牵头行可以在二级市场上出售额度。牵头行全额包销的优势在于容易获得借款人授权组建银团的机会,也能让牵头行获得更高水平的收入[①]。

[①] 在银团贷款中,借款人除了支付贷款利息外,还需承担的承诺费、管理费、代理费、安排费及杂费等费用。

(二)最大努力银团

最大努力银团是指牵头行承销的额度低于贷款的全部额度,银团分销的额度由市场决定。如果银团额度没有被全部认购,那么贷款需求就不能全部满足。需要注意的是,一旦出现认购不足的情况,借款人的信用评价将会受到影响,也会影响牵头行的银团组建形象。因此,在预测到这种情况可能发生时,应尽快采取补救措施。例如,及时与有意向参与的银行,特别是已提交承诺函的银行沟通,避免出现"多米诺骨牌"效应从而导致银团筹组失败;与借款人加强沟通,适当调整银团贷款条件等。

(三)俱乐部贷款

俱乐部贷款是指在借款人存在交易关系的银行范围内组建银团,不邀请其他外部银行参与的一种银团模式,适用于不愿意大范围公开财务信息和融资计划的借款人。最典型的俱乐部贷款是美国针对投资类客户开发的备用额度投资,对于投资类客户的融资主要由核心银团组成,由于投资类客户的信用度较高,银团贷款收益率较低,本身不能吸引大量的机构投资人。同时,与投资类客户有业务往来的银行为保证其现有业务,也没有意愿引进新的银行加强竞争,在这种情况下,俱乐部贷款成为首选。

第二节 银团贷款一般操作流程

一、银团贷款的参与主体

银团贷款的参与主体主要为三个:牵头行、代理行和参加行。

(一) 牵头行 (或称"安排行""经理行")

银团贷款中的牵头行或经理行是接受借款人委托,邀请召集银行共同组建银团并提供贷款的银行。牵头行的职责主要包括:整理借款人资料备忘录,向各银行征求贷款利率等等。

牵头行通常在银团贷款中对整个贷款承担包销或部分包销的责任。一般来说牵头行可以由一家银行承担,也可以由多家银行联合承担。在几家银行联合包销贷款、联合担任牵头行的情况下,其中一家牵头行将作为主牵头行。牵头行所占银团贷款的份额最大,原则上不少于20%。

(二) 代理行 (或称"簿记行")

代理行主要是在银团贷款协议签订后由银团全体成员委托的、代表银团来管理贷款发放与回收的日常工作、充当银团与借款人之间"中介"的一家或几家银团成员。也就是说,代理行是银团与借款人之间的后期联系人,收取一定代理费。代理行条款规定了代理行的作用和职责。代理行是贷款人指定的,它不是客户的代理人,而是贷款人的代理人,代表贷款人行使贷款合约权利的银行。代理行一般由牵头行或其分支机构担任,也可以彼此商定。

(三) 参加行

参加行是按照各自在国际银团内的份额提供贷款的银行。参加行是最终的贷款资金提供者,但是在银团中参加行根据协议规定提供贷款贷款,获得本金和利息,但不负责贷款的日常管理工作,日常管理工作一般通过代理行完成。

二、银团贷款的一般操作流程

银团贷款操作流程（见图1-1）大致分为如下几个阶段：

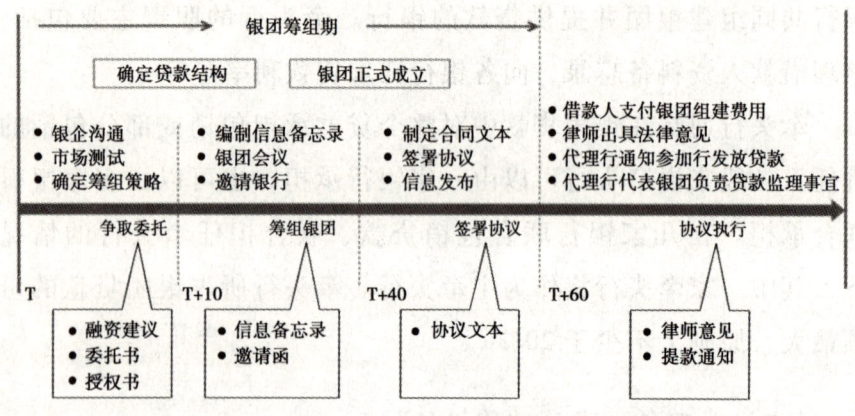

图1-1 银团贷款流程图

资料来源：中国银行业协会。

（一）获取委托阶段

这一阶段银行的主要工作是，在充分调研市场资金供给状况的基础上，分析借款人融资需求，确定是否采用银团贷款模式。依据中国银行业监督管理委员会2011《银团贷款业务指引》（修改）规定，有下列情形之一的大额贷款，鼓励采取银团贷款方式：

- 大型集团客户、大型项目融资和大额流动资金融资；
- 单一企业或单一项目融资总额超过贷款行资本净额10%的；
- 单一集团客户授信总额超过贷款行资本净额15%的；
- 借款人以竞争性谈判选择银行业金融机构进行项目融资的。

对于符合要求的客户，银行与其充分协商，根据融资项目自身特点，制订完善融资方案，获得借款人委托正式发起银团贷款资格。同时，基于对客户与项目的风险评估，设计银团贷款结构，并进行市场测试，调查同业风险及收益偏好，测试市场接受程度。

（二）银团筹组阶段

银团筹组是银团贷款的主要阶段，牵头行需要收集企业信息，编制"信息备忘录"。与双边贷款不同，通常银团贷款在筹组阶段，除了获得委任的银行外，其他银行可能不会单独与借款人接触或获得资料，所以获得委任的银行多数情况下采用信息备忘录的形式介绍借款人及具体项目信息，以便那些有意向参加银团贷款的银行尽快获得内部审批。

银团分销一般采用分发邀请函的方式，以电子邮件或传真形式向拟邀请的银行发出正式邀请函，并在参与行之间额度分配。银团贷款有时会出现认购不足或超额认购的情况，牵头银行有权根据贷款分销策略制定最后的分配原则，在参与行之间进行份额调整。

（三）签署协议阶段

合同文本通常由牵头行委托律师或相关法律部门起草，经与借款人、参加行、代理行等各方协商之后，确认最终签署文本。银团文本制作有如下特点：

- 银行在获得借款人委托后，就可以委托律师起草贷款协议；
- 规范化文本的使用方面，律师以条件清单为基础，起草贷款协议；

● 贷款协议草稿定型后，在牵头行和借款人就文本协议内容达成一致的情况下，分发给其他参加行审阅。

在所有意见达成一致后，由律师或相关法律部门准备最终签署的版本。

（四）协议执行阶段

银团贷款合同签订生效后，贷款的发放、贷后监管、利息及贷款的回收工作，由代理行负责，并依据合同规定具体执行。

在贷款发放方面，为有效保障各贷款人和银团利益，代理行需审查借款人是否满足前提条件，建立操作档案等，担保权益代理行代表银团保存担保权益文件。代理行向参加行提交提款通知书，如有需要随时组织召开银团会议、收集整理借款人财务信息和其他信息。

在贷款管理方面，代理行依照银团贷款协议约定，对贷款进行贷后管理。银团贷款存续期间，通常由牵头行或代理行负责召开银团会议；牵头行或代理行应根据需要组织银团定期进行现场检查等。

三、银团贷款根据操作形式不同可分为直接银团贷款和间接银团贷款两种类型

（一）直接银团贷款

直接银团贷款是指银团的各个成员单独或通过其代理人直接与借款人签订协议，按协议规定的统一条件贷款，并委托一家或数家银行统一负责贷款的日常管理工作。在这种方式下，表面上看各家贷款银行只与借款人签订了一份银团贷款协议，而实质上

却是每家贷款银行与借款人之间均存在贷款合同关系，从而银团贷款协议通常都是一份由各贷款银行分别同借款人订立的贷款协议汇集而成的总协议。每家贷款银行承诺提供具体的贷款额度，享有获取贷款收益的权利。

因为各家贷款银行一旦组成银团就不再进一步变动，所以有研究学者认为，典型的直接银团贷款是一种静态的银团贷款操作形式。相对而言，在直接银团贷款基础上发展起来的间接银团贷款，则是一种动态的银团贷款操作形式。

（二）间接银团贷款

间接银团贷款在国外又称"参与式银团贷款"。这种方式下牵头行是唯一直接提供贷款给借款人的银行，其他银行不直接提供贷款给借款人，而是与牵头行进行交易。通常做法是由一家牵头行首先单独同借款人签订双边贷款协议或银团贷款协议，向借款人提供贷款，然后由该银行将贷款参与权分别转售给其他愿意提供贷款的银行，而不必经借款人同意。

间接银团贷款的法律性质实际上是将基础贷款中的现金流出售给第三方的一种契约。间接银团贷款的最大特征是牵头行将其在贷款中的收益与责任全部（比较少见）或部分地转移给参与行承担，牵头行与参与行一起组成银团，分担风险。

SYNDICATION LOAN

第二章
国际银团贷款市场发展状况

本章介绍国际上银团贷款市场的发展历程和发展现状（包括二级市场），在详细分析的基础上对比总结当前国内银团贷款市场的滞后之处。

第一节　国际银团贷款市场发展状况

一、金融危机前国际银团贷款市场的发展历史

银团贷款大约起源于 20 世纪 60 年代的国际银行业市场（Rhodes，2000），欧洲美元的诞生和跨国银行市场的发展促使不同国家的贷款者以银团的形式共同发放大额度贷款，借款者由政府逐步扩大到公司。同时，较少的国际约束规制为银团贷款迅速发展搭建了平台。2008 年金融危机之前国际银团市场发展历程可

分为四个明显的阶段，如图2-1所示。

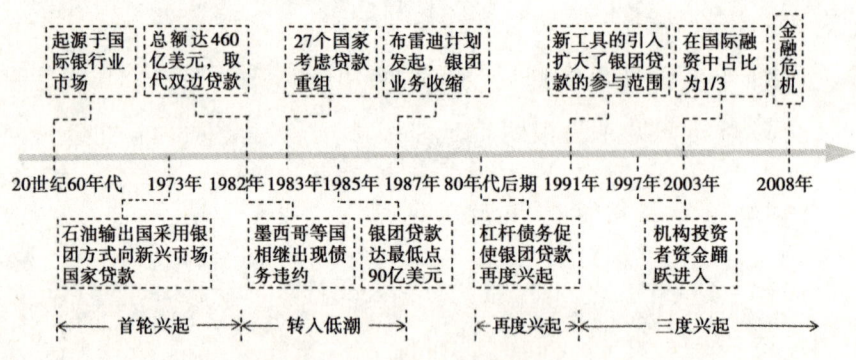

图2-1 国际银团贷款市场发展历程

（一）国际银团贷款市场首轮兴起

1973年石油危机之后油价飞涨，石油输出国大量获利，开始以银团形式贷款给新兴市场国家，西欧各国随后加入。1982年银团贷款余额发展到460亿美元，直接取代双边贷款。

（二）国际银团贷款市场转入低潮

1982年，墨西哥首先推迟主权债务的利息支付，继而蔓延至巴西等国，不久这些国家相继出现债务违约。截至1982年底，已经有40个主权国家丧失利息偿付能力；截至1983年底，27个国家在考虑重组贷款；1985年，银团贷款达到当时的最低点90亿美元；1987年，布雷迪计划发起，新兴市场国家的银团贷款放款者可以将其相应贷款额度兑换为布雷迪债券。低成本融资通道的开辟导致银团贷款业务出现收缩，至20世纪80年代中期已不再占据优势。

（三）国际银团贷款市场在杠杆中再兴起

20世纪80年代后期，美国政府管制政策放松，国内并购浪潮又起，杠杆收购增多。传统的双边贷款和公开市场筹资无法满足庞大的资金需求，银团贷款市场获得爆炸式发展。为了防范风险，1989年美国货币管理局、美联储和联邦存款保险公司提出高杠杆交易指导意见，为银团贷款二级市场的发展提供了机会。

（四）国际银团贷款市场三度兴起

1990~1991年的经济衰退之后，美国银行开始由杠杆市场集中到投资级别的公司。同时，在债务危机中遭受大量损失的银行，开始将在公司债券市场上发展起来的一些复杂工具运用到银团贷款的信贷管理中来。银行管理技能的提高和新的风险管理技术的运用，使更大范围的金融机构参与到银团贷款中。

1995~1997年，许多机构投资者（诸如年金、互助基金、保险公司）开始将银团贷款视为替代债券等的重要投资对象，资金踊跃进入银团市场；截至2003年，新增银团贷款达到1.6万亿美元，为1993年3倍之多。国际银团贷款市场在国际融资中占比1/3，成为非常重要的融资来源。总体来看，全球银团贷款市场在2007年新增量超过4.7万亿美元，其中美国市场约2.1万亿美元，排名首位；英国市场3 763亿美元，排名第二。

二、金融危机后国际银团贷款市场发展现状

在国际银团贷款发展过程中，2008年爆发的国际金融危机给银团贷款市场带来了巨大冲击。数据显示，全球银团贷款市场2007年超过4.7万亿美元，而2009年却急剧下降为1.6万亿美元，仅为2007年的1/3。本部分将从银团贷款规模变化、参与主体分析、银团贷款收入情况等方面详尽展现次贷危机后国际银团贷款市场发展状况。

(一) 银团贷款市场规模

由图 2-2 可知,2008~2013 年,全球银团贷款市场经历了市场规模先降后升的情况,2009 年开始经过 3 年平稳的增长后,2012 年银团贷款市场规模又有所下降。但在 2013 年前 3 个季度中,全球银团贷款市场达到了 2.9 万亿美元的规模,相较于 2012 年前 3 个季度增长了 24%;交易数目也达到了 6 700 笔,较 2012 年同期增长了 5%。从目前的趋势研判,2013 年全球银团贷款市场规模将超过 2012 年。

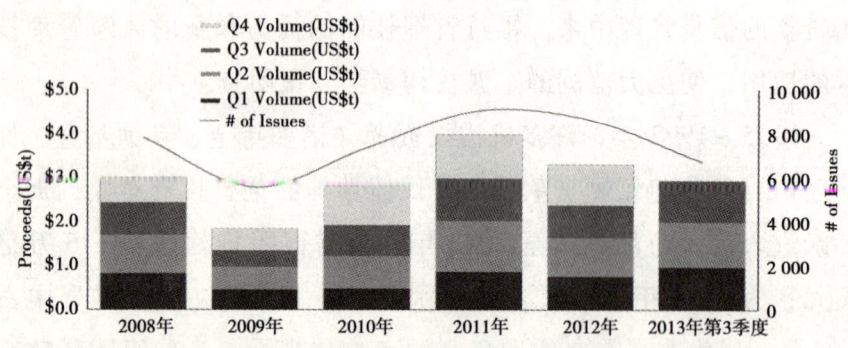

图 2-2　2008~2013 年第 3 季度的全球银团贷款市场规模

数据来源:Thomson Reuters。

下面,我们重点分析全球市场中各个子市场的贷款规模情况(见表 2-1)。

表 2-1　2011~2013 年前 3 个季度的全球银团贷款市场
各子市场的贷款规模　　　　　　(单位:百万美元)

	2013 年 9 月	2012 年	2011 年
全球	2 932 922.20	3 226 847.10	3 974 721.40
美洲	1 752 080.90	1 829 934.20	2 160 471.70
——美国	1 601 982.90	1 626 376.20	1 937 236.60

续表

	2013年9月	2012年	2011年
欧洲	580 803.20	648 160.50	1 031 965.90
——西欧	510 042.00	573 976.10	930 315.60
——东欧	70 761.30	74 184.40	101 650.30
非洲、中东、中亚	62 699.30	73 984.30	65 929.60
亚太（除日本、中亚）	314 112.90	352 707.60	440 023.00
中国内地	67 072.50	40 220.70	28 749.80
中国香港	54 812.10	44 748.80	51 209.10
日本	223 225.90	322 060.50	276 331.30

数据来源：Thomson Reuters。

1. 美洲地区

与全球银团贷款市场规模走势相同，美洲地区的银团贷款规模在2012年也出现了下降，但2013年前3个季度美洲银团市场规模较2012年同期增长了34.9%，规模接近1.8万亿美元，在全球市场中占绝对领先地位。其中，美国银团贷款规模占全美洲银团贷款规模的90%以上，在全球银团贷款规模中也占有超过一半的比重。因此，美国银团市场在全球银团市场中扮演了非常重要的角色，很多国际大型资产交易并购都发生在美国，这些巨额资产交易背后都伴随着国际银团贷款的参与。

2. 欧洲地区

欧洲地区的银团贷款市场规模在2012年有较为明显的减少，而在2013年前3个季度则表现良好，规模已达5 808亿美元。从其内部结构上来看，欧洲银团市场的主要交易都发生西欧。从最新的数据我们发现，西欧与东欧的银团贷款规模差异较大，2013年前3个季度西欧的银团贷款市场规模大约是东欧的7倍多。

3. 非洲、中东及中亚地区

非洲、中东及中亚地区的银团贷款规模在全球市场中占比最小，但该市场的银团贷款规模在 2012 年全球银团贷款市场普遍出现规模下滑的时候却逆势增长。2013 年前 3 个季度，该区域贷款规模继续稳步增长，已接近 630 亿美元的规模。

4. 亚太地区（除日本、中亚）

2012 年，亚太地区的银团贷款规模虽有下降，但下滑幅度不大，2013 年前 3 个季度的规模大约在 3 140 亿美元的量级上。在亚太地区，中国内地和中国香港的规模位数前列。其中，中国内地的银团贷款规模更是呈现大幅增长趋势，从 2011 年的 287 亿美元增长到了 2013 年 9 月末的约 671 亿美元，跳跃式的发展速度令人瞩目，占亚太地区（日本、中亚除外）的近 20%。这也说明中国银团市场在亚太地区将逐渐成为一个重要的组成部分。

5. 日本

日本的银团贷款规模虽然在 2012 年逆势增长，但 2013 年前 3 个季度的银团市场规模却出现萎缩，仅达到 2 232 亿美元的规模。然而从整个亚洲地区的情况来看，日本在亚洲地区银团市场中所占的份额仍然最大，大约为中国的 3 倍多，其在亚洲地区乃至全球地区仍具最大影响力。

（二）参与主体分析

1. 牵头行排名情况

从表 2-2 中我们可以看出，JP 摩根和美林在全球银团贷款市场的牵头数量最多，二者都达到了 8% 的比例，说明这两家银行机构在全球市场的分销能力很强，众多国际大型资产交易的银团贷款都由其牵头分销。

表 2-2　　　　2013 年上半年全球银团贷款市场牵头行排名

全球银团贷款市场牵头行排名（2013 上半年）	贷款余额（百万美元）	市场份额（%）
JP 摩根	154 048	8.20
美林银行	151 238	8.10
花旗集团	96 331	5.00
富国证券公司	84 741	4.50
三菱日联金融集团	76 965	4.10
德意志银行	75 816	4.00
巴克莱银行	70 870	3.80
瑞穗金融集团	70 586	3.80
瑞士瑞信银行	58 756	3.10
三井住友金融集团	58 344	3.10

数据来源：Thomson Reuters。

2. 代理行排名情况

从表 2-3 中可以看出，在全球银团贷款市场的代理行中，JP 摩根以接近 1 900 亿美元的银团贷款代理额度及近 12 个百分点的市场份额比例占据着头把交椅；美林银行次之，其银团贷款代理额度及市场份额分别为 1 618 亿美元和 10.20%。两个机构代理银团的影响力和其牵头分销能力一样强大，其银团贷款管理能力也得到了国际银行业机构的一致认可。我们发现，在全球银团贷款市场前十大代理行中没有国内银行业的身影，说明我国银行业机构在国际银团贷款市场的活跃度仍然有很大的提升空间。

表 2-3　　　　2013 年上半年全球银团贷款市场前十大代理行排名

全球银团贷款市场代理行排名（2013 上半年）	贷款余额（百万美元）	市场份额（%）
JP 摩根	186 500	11.70
美林银行	161 826	10.20
花旗集团	95 835	6.00
富国证券公司	93 189	5.90
瑞穗金融集团	91 985	5.80
巴克莱集团	70 543	4.40
德意志银行	66 018	4.20
三菱日联金融集团	56 729	3.60
瑞士瑞信银行	50 599	3.20
加拿大皇家银行资本市场	45 323	2.90

数据来源：Thomson Reuters。

从表 2-4 中我们可以看到，JP 摩根在美洲市场是银团市场最重要参与者；花旗集团在拉丁美洲的市场份额最高，接近 10%。在欧洲、中东、非洲（EMEA）市场中，德意志银行居于领先位置。在亚太地区（除日本和澳大利亚），国家开发银行在银团贷款市场的市场份额最高为 13%。另外，作为牵头行，国家开发银行的市场份额也拥有逼近 17% 的市场份额，同样位数亚太地区首位。在日本，市场表现最好的是瑞穗金融集团，其市场份额高达 33.7%；而澳大利亚西太平洋银行也在本地区拥有接近 30% 的市场份额，领先地位十分明显。

表 2-4　截至 2013 年 9 月底全球银团贷款各子市场排名第一的代理行

子市场	名　称	市场份额（%）
美洲	JP 摩根	15.10
北美洲	JP 摩根	15.20
美国	JP 摩根	16.50
拉丁美洲	花旗集团	9.80
EMEA	德意志银行	6.50
亚太地区（除日本和澳大利亚）	国家开发银行	13.00
日本	瑞穗金融集团	33.70
澳大利亚	西太平洋银行	27.20

数据来源：Thomson Reuters。

（三）银团贷款费用收入情况

银团贷款除了能够为银行带来利差收益外，还能够为银行获取较高的费用收入。因此，在考察全球银团贷款市场状况时，我们也将对全球各银团贷款市场中的贷款费用收入进行一定的比较分析。

美洲银团贷款市场的费用收入在 2013 年呈上上升趋势，2013 年前 3 个季度已逼近 90 亿美元，而 2012 年全年的费用收入还不及70亿美元,这与银团贷款市场规模的走势是一致的(见图2-3)。

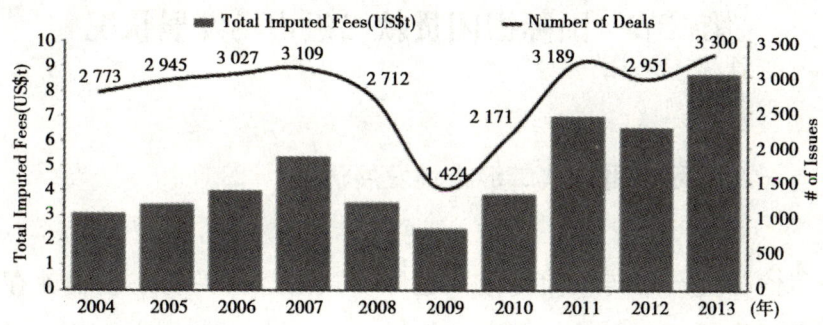

图2-3 2013前3个季度的美洲银团贷款市场费用收入

数据来源:Thomson Reuters。

自2004年来,EMEA市场费用收入的波动情况与美洲相似,均在2009年遭遇低谷后又逐步上升,2012年短暂下降后,2013年情况又出现逐步提高的趋势。2013年前3个季度银团贷款费用收入接近30亿美元,但离2007年约60亿美元的收入规模差距还是十分明显的(见图2-4)。

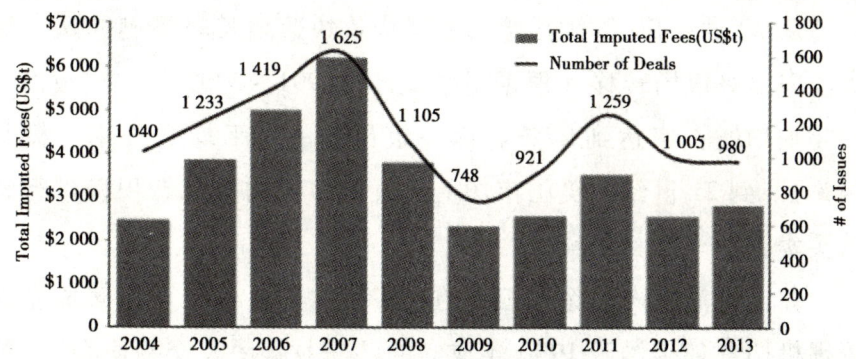

图2-4 2013前3个季度的EMEA银团贷款费用收入情况

数据来源:Thomson Reuters。

第二节　国际银团贷款二级市场发展状况

一、国际银团贷款二级市场发展历史

信贷资产的转让和受让（也即贷款出售和买入）很早就存在于美国等发达国家地区，银行机构根据自身的流动性头寸、对产业的风险判断等选择不同的信贷资产进行买入和卖出。20世纪80年代，新兴市场国家出现较大面积违约，银团贷款的出售进一步加剧了传统贷款出售行为。同时，美国等发达国家的并购浪潮引起银团贷款数量大幅度增加。1989年政府对银行持有的高杠杆贷款（HLTs）作出限制，导致HLTs银团贷款份额大批出售，进一步刺激了美国银团贷款二级市场的发展，也由此出现了贷款交易的经纪商。

从20世纪90年代开始，银团贷款快速增长趋势迅速从一级市场向二级市场转移（根据粗略统计，1991～2003年，二级市场的年平均增长率达到27%，而一级市场的年平均增长率大概是14%）。到21世纪初美国市场上已有众多机构投资者积极进行贷款买卖。

在世界范围内，除了相关的经济条件外，各国及地区成立的管理机构（如美国于1995年成立的"贷款银团及交易协会"，英国于1996年成立的"贷款市场协会"，亚洲于1998年成立的"亚太贷款市场协会"等）也极大地促进了银团贷款二级市场的发展。以美国为代表的包括欧洲、北美等在内的银团贷款二级市场的快速发展，有力地推动了银团贷款一级市场的快速发展。二

级市场的繁荣大大提升了一级市场的透明度和流动性,银行的信贷资金优化配置能力得到了进一步提升,二者形成了相辅相成、共同发展的良性循环局面。

二、国际银团贷款二级市场发展现状

(一) 交易规模数据分析

这里我们主要从美国、日本、欧洲三个主要市场分析二级市场交易规模状况。

1. 美国二级市场交易规模

从图2-5可以得出,1991~2005年随着贷款一级市场的扩大及作为交易对象的贷款债权种类增加,二级市场的交易量也随之增加,到2007年次贷危机之前,达到峰值,此后二级市场交易量逐年递减。

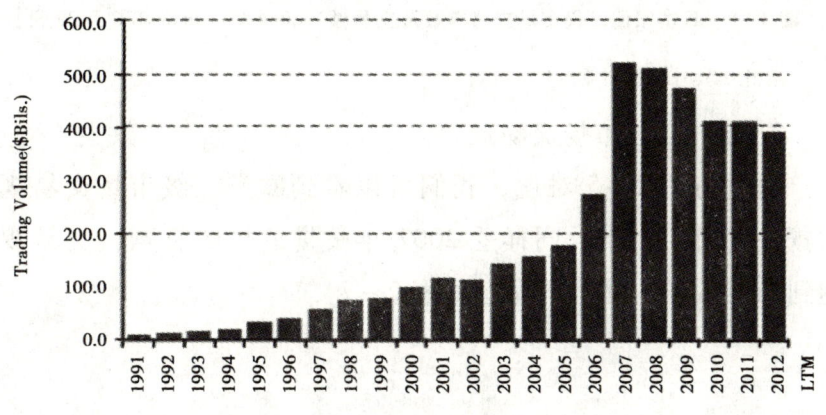

图2-5 美国银团贷款二级市场交易量(1991~2012年)

数据来源:中国银行业协会:《银团贷款行业发展报告》。

2. 日本二级市场交易规模

从图 2-6 中可以看出日本银团二级市场的交易笔数和交易量都呈总体下降的趋势；特别是 2008 年后，二级市场规模大幅缩小。还需注意，日本银团二级市场中不良贷款的转移笔数远高于正常贷款，但是自 2004 年以来，不良贷款的转移额却逐年下降，至 2013 年上半年已远低于正常贷款的转移额。

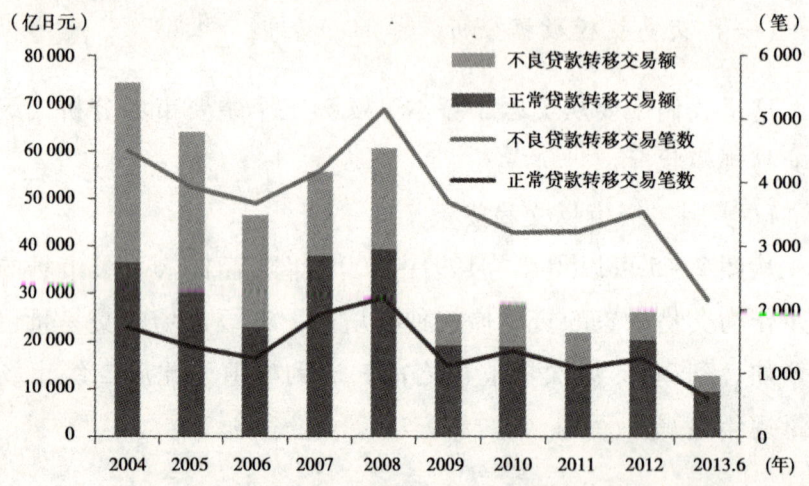

图 2-6 日本银团二级市场交易笔数及交易额（2004 年~2013 年 6 月 30 日）

数据来源：日本银行业协会。

3. 欧洲二级市场交易规模

通过与图 2-5 对比，我们可以看到欧洲二级市场交易规模大概是美国的一半，同样受 2007 年次贷危机的影响，交易规模达到峰值后开始逐年下降（见图 2-7）。

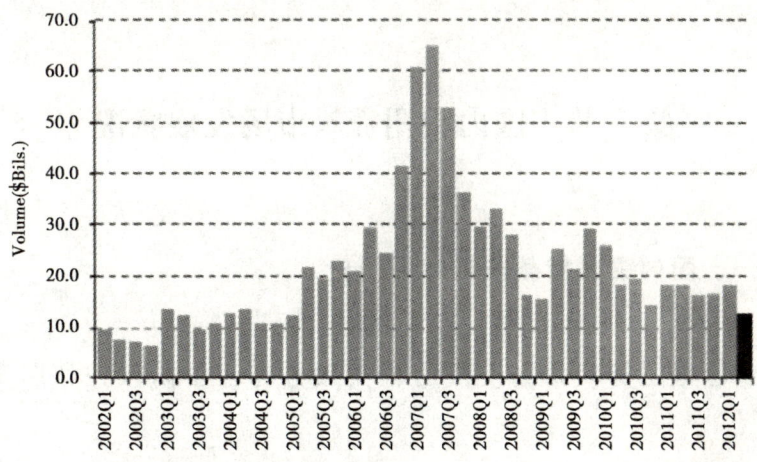

图 2-7　欧洲银团二级市场交易量（2002 年 1 季度～2012 年 1 季度）

数据来源：中国银行业协会：《银团贷款行业发展报告》。

（二）国际银团贷款二级市场其他方面的概况

经过总结归纳，我们从参与主体、债券买卖、定价机制三方面来比较国内外二级市场主要特点（见表 2-5）。

表 2-5　　　　美国、日本、中国二级市场特点对比

	美国	日本	中国
特色	➢ 以杠杆收购为主 ➢ 参与主体多样 ➢ 流动性高 ➢ 利率设定透明 ➢ 资产证券化，产品组合多样	➢ 参与主体单一 ➢ 流动性低 ➢ 利率设定透明	➢ 线下交易
参与主体	➢ 银行和机构投资者（投资银行、保险、基金等）	➢ 地方银行	➢ 政策性银行、国有商业银行、股份制银行、城商行、农商行等
债券买卖配套系统	➢ 分销网络	➢ 不存在共享信息的平台 ➢ 公开、透明的价格信息平台	➢ 5 个全国银团贷款交易平台
定价机制	➢ 依据市场提供的参考价格，结合外部市场环境评估	➢ 基准利率 + 利差	➢ 基本处于零交易状态，交易价格一般为贷款原值（不良资产转让除外）

第三节 国内银团贷款市场发展状况

一、国内银团贷款市场发展历史

我国银团贷款市场发展历程大致分为三个阶段,如图2-8所示。

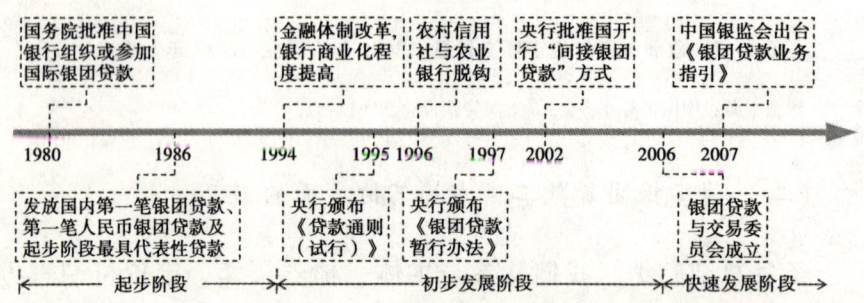

图2-8 国内银团贷款市场发展历程

（一）银团贷款起步（1980~1994年）

国内银团贷款业务起步于20世纪80年代。1980年9月,国务院批准中国银行设立章程,业务范围界定中明确包括组织或参加国际银团贷款。1986年,国内第一笔银团贷款由中芝兴业财务有限公司牵头为北京香格里拉饭店筹组,额度为4 500万美元;第一笔人民币银团贷款由中国农业银行牵头为江麓机械厂提供,额度为438万元。

同年,起步时期最有代表性的银团贷款由中国银行为大亚湾核电站项目筹集,额度为131.4亿法郎,其代表性的运作模式是中央银行从国外借入银团贷款,然后再转贷给国内借款人,是银团贷款与转贷款的结合。

（二）初步发展阶段（1994~2005年）

1994~2005年，国内银团贷款的初步发展主要表现在三个方面：潜在供给与需求增多，相关规制背景的演进与优化，银团业务量提升。

1. 潜在供给与需求增多

1994年，金融体制改革提高了国内银行的商业化程度；1996年，农村信用社体系与农业银行脱钩，产生一批新的商业化主体，改变了过去几大行作为参与主体的单一局面，国内银团贷款供给能力显著提升。同时，国家实施了众多宏观战略，国内城镇化步伐开始快速迈进，国内经济的一片向好使国内银团的需求市场逐渐旺盛，银团市场规模也稳步提升。但是受限于当时国内商业银行银团合作理念的缺失和对产品的陌生，国内银团发展仍处在较为初级的阶段。

2. 相关规制背景的演进与优化

1995年，中国人民银行颁布《贷款通则（试行）》，将银团贷款放进各银行的潜在产品菜单；1997年，中国人民银行出台《银团贷款暂行办法》，有力推动了银团贷款的发展；2002年，中国人民银行正式批准国家开发银行开展"间接银团贷款"，通过贷款购买来获得贷款份额成为参与行进入银团贷款业务的方式，银团贷款的操作模式初步得到了扩展。

3. 银团业务量提升

1994年6月，中国工商银行牵头为上海陆家嘴和金桥开发区筹组11亿美元贷款；2003年，中国建设银行牵头为中国长江电力股份有限公司筹组33.5亿元人民币贷款；2004年6月，由国家开发银行牵头，对南水北调工程提供总价值488亿元人民币的大型项目贷款（不含东线治污款70亿元）。国内银行业已经初步认识到开展银团贷款的必要性,在众多大型建设项目和资产交易项目中,都可以发现银团贷款的身影。

(三)快速发展阶段(2005年至今)

以2005"中国银团年"为开端,国内银团贷款市场迎来高速发展。随着我国加入世界贸易组织,外资金融机构进入我国市场的步伐逐步加快。在以长江三角洲经济开发区、珠江三角洲经济开发区为中心向外辐射的市场经济相对比较发达、外资银行和外资企业较多的地方,人民币银团贷款业务发展较快。2005年,国家基础设施建设方面的跨世纪特大型重点建设项目——南水北调东、中期一期工程银团筹组由国家开发银行筹组成功,体现出银团贷款在大型项目中所具有的优势,也表明银团贷款业务正日益获得重视。在此基础上,国内银行开始主动尝试开展银团贷款业务,并获得了初步成功。2006年,中国银行业协会银团贷款与交易委员会正式成立,并于当年签署了《银团贷款合作备忘录》,积极推进银团贷款的相关业务;2007年,中国银监会出台《银团贷款业务指引》,对银团贷款各项细则作出全面规定;2011年《银团贷款业务指引》进行了修订。随着宏观经济的发展、金融改革的深化和银团贷款管理制度的完善,我国银团贷款规模逐年递增,国内银团贷款余额由2005年至今平均年增长率达到100%以上,银团贷款占公司贷款的比例由1.72%提高到8.59%,银团贷款市场正蓬勃发展。

二、国内银团贷款市场发展现状

(一)银团贷款市场规模

由图2-9可得,从整体上看国内银团贷款余额从2005年到

2013年上半年呈明显上升趋势。银团贷款引入我国金融市场已近30年，从我国首笔国内银团贷款——北京香格里拉项目贷款至今，国内银团贷款规模稳步增长。2008年国际金融危机后，我国政府出台了应对金融危机的一揽子经济刺激计划和政策措施，实施积极的财政政策和适度宽松的货币政策，一大批交通、公共基础设施、房地产、电力等重点项目采取了银团贷款方式，有力地拉动了经济回升。近七年银团贷款余额逐年上升，其中2009年尽管经历了全球金融危机，全球银团市场萎缩，但我国银团贷款却保持了快速增长，增幅为近七年最大，各成员单位银团贷款余额从2005年的不足0.3万亿元人民币发展到2013年上半年的4.14万亿元人民币，增长幅度巨大。

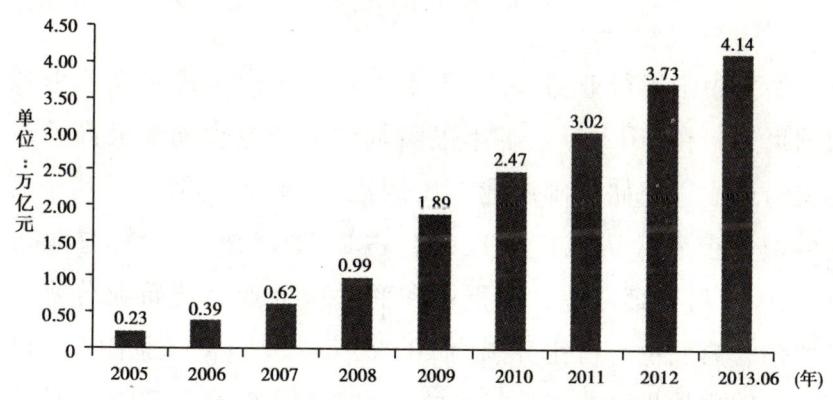

图2-9　国内成员单位2005~2013年6月底银团贷款余额

数据来源：Thomson Reuters。

(二) 银团贷款的行业分布

图2-10显示了自2008年以来我国银团贷款投向的行业分布状况。数据显示，我国银团贷款主要集中在城市基础设施、房地产等大型投入项目上，其中城市基础设施行业的银团贷款投入一直位列首位。2012年，城市基建设施占比更是高达44.69%。

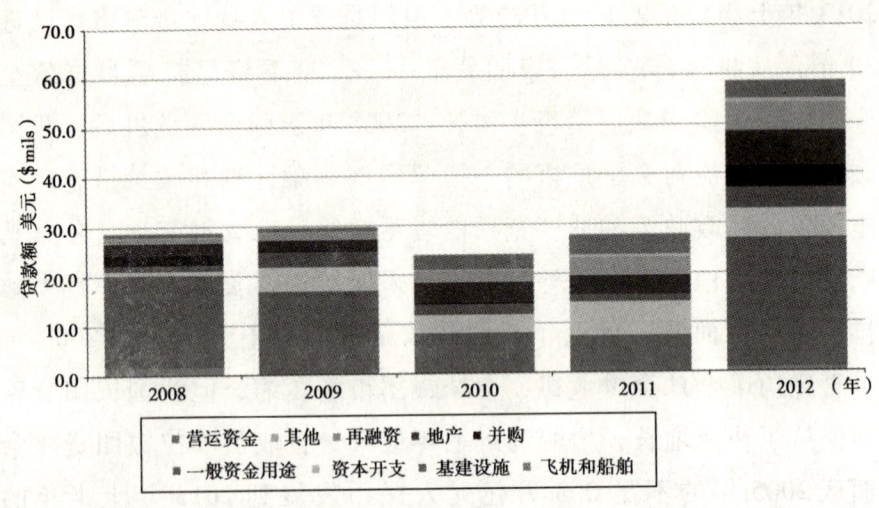

图 2-10 2008~2012 年国内银团贷款行业分布情况

数据来源：Thomson Reuters。

根据中国银行业协会 2013 年发布的国内银团贷款业务最新数据可知，在 2013 年上半年银团贷款中新签合同额最高的行业为交通运输、仓储和邮政业，比例达 27.48%，延续了其一直以来的领先位置；房地产业次之，占比为 14.87%；制造业占比 11.48%，居于第三位；而租赁和商业服务业及建筑业分别居于第四位、第五位，占比分别为 10.49% 和 5.59%（见图 2-11）。新增银团贷款投向前五位行业的合同金额占比高达 70%，体现了我国的银团贷款行业分布的集中性。

（三）银团贷款地域分布

从我国银团贷款金额的地域分布来看，据中国银行业协会 2013 年发布的国内银团贷款业务最新数据，2013 年上半年国内银团贷款新增合同主要集中在东部发达地区。上海银团贷款新签合同额占比最高，为 20.30%；广东省新签合同额占比为 19.40%；江苏省次之，占比为 14.73%；北京市和浙江省分列第

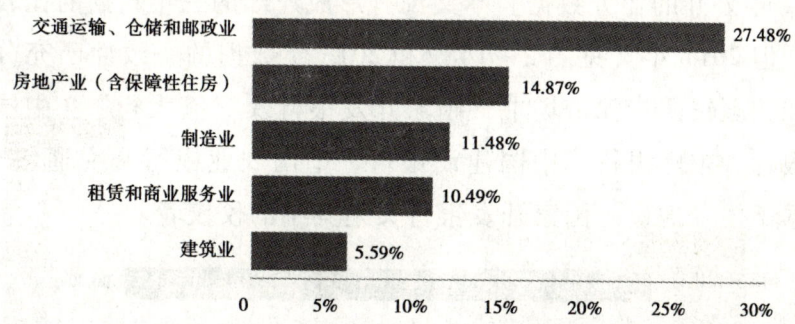

图 2–11　2013 年上半年银团贷款新签合同额前五位的行业

数据来源：中国银行业协会网站。

四位和第五位，占比分别为 7.74% 和 5.39%（见图 2–12）。

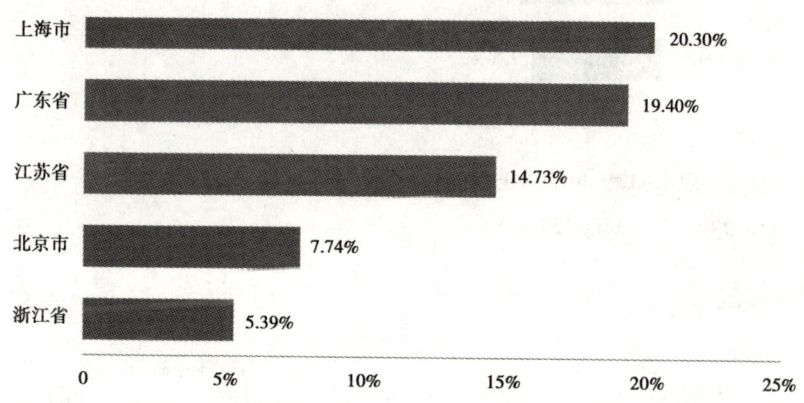

图 2–12　2013 年上半年银团贷款新签合同额前五位的地区

数据来源：中国银行业协会网站。

（四）国内大型银行银团贷款情况分析

中国银行业协会 2013 年最新发布的国内银团贷款业务数据体现了大型商业银行在银团贷款中的份额优势。2013 年上半年各行牵头签订银团余额位居前列的是：国家开发银行（30.09%）、中国工商银行（16.89%）、交通银行（11.77%）、中国银行（8.12%）及中国建设银行（7.46%）（如图 2–13）。尽管缺少

2012年公开的业务数据,本文没有形成连续的三年数据的比较分析,但2011年(见图2-14)和2013年数据的一致性已充分表明在我国银团贷款市场中,国家开发银行及"五大行"(中国工商银行、中国银行、中国建设银行、中国农业银行和交通银行)占据了主导地位,国家开发银行又是其中的佼佼者。

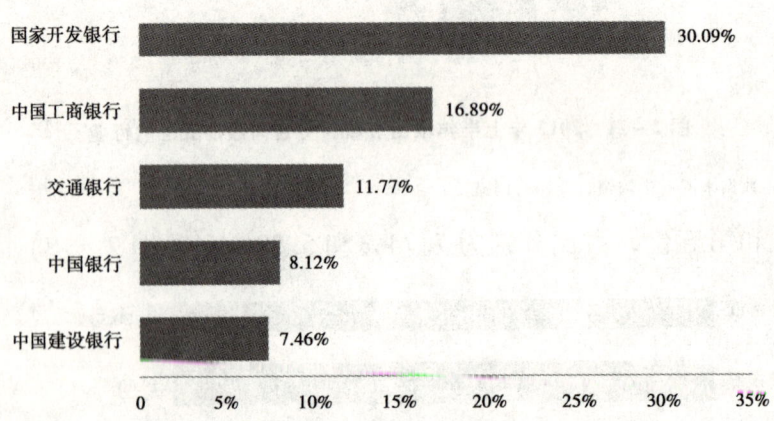

图2-13 2013年上半年牵头签订银团贷款合同额前五名

数据来源:中国银行业协会网站。

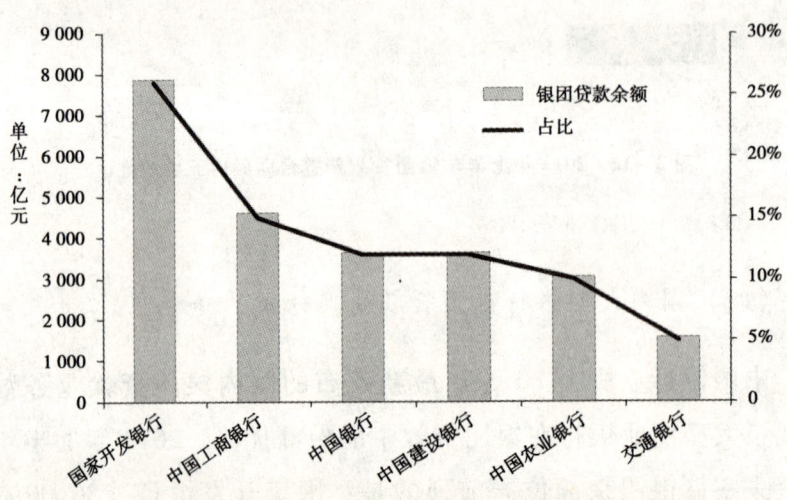

图2-14 2011年我国银团贷款项目成员单位结构

数据来源:中国银行业协会网站。

第四节 国内银团贷款二级市场发展状况

一、国内银团贷款二级市场发展情况

随着我国银团贷款余额和发放的不断增长，银团贷款正式作为贷款转让的主要对象逐步得到发展。从交易历史上看，1998年7月，中国银行上海分行向广东发展银行转让1亿元人民币银行债权，成为我国贷款转让的第一笔业务；2002年8月，中国人民银行正式批准民生银行开办信贷资产转让业务；2003年7月，中国证监会批准广发银行开办贷款转让业务。此后，中国银监会陆续批准国内大多数商业银行开展贷款转让业务。2002年，国家开发银行以间接银团贷款的方式向民生银行转让20亿元贷款，次年又签订了《战略合作框架协议》及50亿元信贷资产转让协议。至此，国家开发银行开始与多家商业银行、信托投资公司开展贷款转让业务。

从交易场所上看，2009年下半年深圳市设立了金融市场交易服务中心，重庆市设立了OTC交易中心信贷交易版；2010年5月，天津市成立金融资产交易所。此后国内陆陆续续成立了一定数量的资产交易所，但这些交易所开展的信贷资产交易量很小，缺乏相对充足的交易对象，尚未建立或形成良好的信贷资产撮合机制及定价机制，其主要开展的业务为股权交易。

二、国内银团贷款二级市场的交易流程

从交易规则上看，国内银团贷款多采用线下交易的方法。中

国银行业协会银团贷款与交易专业委员会先后组织编写并推出了《银团贷款合同示范文本》（V3.0）、《银团贷款转让交易示范文本》及《银团贷款转让交易规范》等多个规范性文本，得到了银行业市场的一定认可。2010年9月，中国银行与中国邮政储蓄银行就广州地铁三号线银团贷款转让交易项目正式签约并交割完毕。该项目首次使用中国银行业协会银团贷款与交易专业委员会发布的《中国银行业协会银团贷款转让交易示范文本》，为国内首笔银团贷款二级市场规范化交易，标志着我国银团贷款二级市场规范化建设取得了又一阶段性成果。

（一）交易发起

根据资产组合管理等实际业务需求，交易双方可通过电话、交易系统平台等形式，公开发布包括标的项目名称、期限、利率水平等基本情况的转让信息。

（二）确认交易对手并签署保密协议

出让方和受让方达成初步转让意向后，由出让方发出保密协议，并由受让方签署。

（三）磋商交易条件

受让方内部审批同意后，双方就转让份额、转让价款、结算日等具体条件相互磋商并达成一致。结算日的确定，应考虑签署交易确认函后，有一定的时间通知借款人和其他相关人。

（四）受让方风险评估

受让方可根据自身的风险审批流程和要求提出申请，由出让方提供拟受让资产真实完整的评估资料。受让方通过内部评审作出是否受让的决定,受让方应独立评审,出让方对此不承担责任。

(五) 转让交易的定价及定价方式

转让交易的定价由交易双方根据转让标的、市场等情况自行协商定价。

定价可采用如下两种方式:一是以贷款本金为基础,可在本金基础上采取平价、溢价和折价的方式;二是采用转让费率定价,即规定转让价格为转让标的金额的一定比例或固定金额。

(六) 签署交易确认函

出让方和受让方就交易条件达成一致后,应签署交易确认函。交易确认函用于明确与拟转让贷款和交易对价相关详细信息的文件,表明双方对银团贷款转让条款和条件的认可。交易确认函应列明包括银团贷款合同信息、结算日、转让标的信息、定价和结算、相关费用、交易双方信息、签署和生效的信息等基本条款,并由双方有权签字人签署。

(七) 签署转让证书

出让方制作转让证书,双方签署后交予代理行。代理行根据贷款协议的约定,判断是否需取得借款人同意,并由此向借款人征求意见。如借款人同意转让,则由代理行签署转让证书。转让交易自代理行签署转让证书之日起生效。

(八) 通知有关各方

代理行在签署转让证书后,应就贷款转让事宜以"转让通知"的形式,书面通知包括借款人、担保人在内的相关交易方。

通知内容主要包括转让份额、受让方相关信息等。

（九）交割结算

如涉及贷款余额的转让应进行交割结算。出让方在交割前制作结算确认书，内容应包括交割日、本金、利息、转让费、付款路径和付款方式，并由受让方签署。交易双方在银团贷款转让交易确认函中确定贷款转让的结算日，注意预留出向合同各方通知和确认的时间。

如只转让贷款承诺额，则不需要交割结算。受让方于转让证书生效后成为银团成员之一，应根据代理行的提款通知按时发放贷款。

（十）转让费用的支付

依据银团贷款协议，向代理行支付转让费用，通常情况下由受让方承担，或由转让双方商议而定。

（十一）其他费用

除转让费用外，出让方和受让方发生的与交易项下的转让标的相关的任何费用、税费及其他支付义务，由交易双方各自承担。

（十二）担保权益的转让和登记变更

在转让交易生效并交割完成后，担保权益作为转让标的的一部分，由出让方转移给了受让方。

由代理行进行抵/质押品登记管理的，只要代理行不发生变化，银团贷款转让无需重新办理抵/质押品登记，由代理行根据转让后的份额确定各参加行在抵/质押品中的权益。

三、国内尚未形成系统、完善的银团贷款二级市场

总体上说,国内银团贷款二级市场没有真正建立起来,在银行资产组合管理、流动性管理等方面的优势尚未得到充分体现,二级市场交易数据仍缺乏权威统计。特别是在中国银监会《进一步规范信贷资产转让业务的通知》(银监发〔2010〕102号)作出"银团贷款需整体转让"的规定后,国内银团贷款二级市场交易基本处于零交易状态。

值得注意的是,2013年7月中国银监会"信贷资产流转系统"的发展有望改进当前贷款二级市场滞后的现状。2013年7月,国务院在《关于金融支持经济结构调整和转型升级的指导意见》中提出"盘活存量资金"的要求,中国银监会随后开始就盘活存量的具体方法征询意见,信贷资产转让平台是其中之一。自7月中下旬起,中国银监会基于其主导的信贷资产流转平台[①]——"全国银行业金融资产转让登记系统",启动了信贷资产流转业务试点。试点银行包括国家开发银行、"四大行"(中国银行、中国建设银行、中国工商银行和中国农业银行)、邮储银行、兴业银行、民生银行、浦发银行、光大银行等。试点初期,中国银监会出于稳妥考虑,有意控制资产转让规模,近一个月时间试点机构资产流转的规模大多在1亿元左右。信贷资产流转交易需要遵循"先登记、后交易"的原则。出让方在交易前,应在集中登记系统中办理信贷资产登记,然后方可通过流转平台向市场交

---

① 为配合信贷资产流转试点工作,中国银监会创新部拟就了《信贷资产流转业务管理试行办法(初稿)》,对信贷资产流转作出了界定,即"商业银行作为信贷资产流转的出让方,将持有的信贷资产、债权和其他受益权,经集中登记后,通过信贷资产流转平台或银监会认可的其他交易方式,转让给除出让方外的受让方业务活动"。

易成员披露包含交易标的情况和交易价格的信息①。

第五节 国际银团贷款市场发展比较总结

一、国际银团贷款市场的最新发展趋势

（一）国际银团贷款业务呈现证券化趋势

国际直接融资工具如股票、债权等具有透明度高、流动性强的特点，这是国际间接融资工具如国际银团贷款所不具有的优点，但国际银团贷款具有其自身特点，如它吸收了资本市场融资工具特点，与证券相融合形成新的融资方式，以适应激烈的市场竞争，这就是国际银团贷款证券化趋势。

（二）国际银团贷款定价模式逐步向随行就市定价转变

国际银团贷款的定价模式由公平价值逐步向随行就市定价转变。传统的国际银团贷款是由传统银行在贷款分析和贷款质量的基础上进行公平价值分析，而随着机构投资者的进入，银团贷款的定价模式也开始慢慢转变，银团贷款的定价开始向注重资产回报和波动的随行就市定价转变。这种定价方式注重的是相关价值和机会成本的比较，主要体现在贷款/债券相关价值的分析。

（三）二级市场交易促使国际银团贷款流动性增强

在国际银团贷款证券化趋势发展的同时，银团贷款二级市场

---

① 《信贷资产流转 = 盘活存量资金 + 影子银行阳光化》，《财经》，2013.8。

上的流动性日益增强，世界主要银团市场为促进二级市场的发展都成立相应管理机构。如美国成立了贷款银团及交易协会（LSTA），英国成立了贷款市场协会（LMA）等等。上述协会的成立极大地促进了二级市场的发展，方便了市场信息交流和沟通，而二级市场的发展强化了国际银团贷款的流动性。银团贷款二级市场的发展与证券化工具的多样性密切相关，银团贷款资产更为安全，因为它拥有债券的优先权，同时也保证了它在清盘时能够得到更高比例的回报。对于那些希望获得更高收益更好安全性的投资者来说，银团贷款更易受到这些投资者的青睐。对于他们来说，在衡量贷款和债券之间的利弊后选择贷款，就促进了银团贷款二级市场的迅猛发展。

二、国际银团贷款市场的对比

规模方面，2011 年底中国银行业协会公布的数据显示，银团贷款占公司类贷款余额的比重只有 8.98%，远低于国际上 20% 的水平。

行业方面，由于长期以来我国国民经济的增长点过多依赖于固定资产投资的增长，而银团融资规模大、吸附资金多、参与银行广等特点，正契合了固定资产项目融资的需求，且主要集中在交通运输、水利、公共设施等基础设施行业。国际上的银团贷款除了上述行业外，还大量进入服务业，这点与我国有着较大的不同。

客户结构上，由于传统营销观念的影响，国内商业银行的银团贷款更偏好于国资背景的大企业、大项目的融资，很少涉足高新技术、环保产业以及民生领域；但国外银团贷款市场借款人主体呈现多样化。

参与主体方面，和中国目前银团贷款主要集中在大型国有商业银行的状况相比，欧美市场的参与主体更加广泛，除商业银行外，还涵盖众多投资银行、保险基金、养老基金和共同基金等。

三、我国银团贷款政策制度体系有待完善

目前我国银团贷款运作所遵循的专门性规定是中国银监会颁布的《银团贷款业务指引》，但《银团贷款业务指引》仅属部委规章，并非我国立法机构所立的法律。此外，中国银行业协会组织各会员单位签订的《银团贷款合作公约》属于自律性行业规范，并无法律效力。尽管《银团贷款业务指引》及《银团贷款合作公约》所带来的作用可能是巨大的，但《商业银行法》等立法机构颁布的法律中，都没有提到银团贷款。当然，《商业银行法》是规范银行行为的基本法律，银团贷款属于银行的商业行为，自然也需要受到《商业银行法》的制约。因此，我国关于银团贷款的政策制度体系是不完善的。

四、银行合作理念的滞后

相对于外资银行和企业来讲，多数中资银行和国内企业对银团贷款形式的认可程度不高。多年来国内企业普遍存在信用观念淡薄现象，贷款风险加剧。尽管客户具有借款愿望，但能够满足银行贷款条件的有效信贷需求相对不足，优质客户、优质项目少，银行资金运用渠道相对狭窄，同业竞争激烈。因此，商业银行一旦寻找到贷款机会，首先考虑自己能否消化全部贷款需求，追求独家承贷或高份额贷款，而不是通过银团贷款方式分散和规避风险。

SYNDICATION LOAN

第三章

国际银团贷款监管环境分析

第三章
国际银团贷款监管环境分析

第一节 国际银团贷款市场监管环境

银团贷款作为市场化的产物，各国及地区的监管环境都鼓励和支持银团贷款产品的操作，同时对其防范风险也通常给予足够重视，制定系列的标准制度的管理意见。在监管上多采取金融机构自律管理为主、政府职能部门监管为辅的管理方式，具体监管方法为事后监督，发现问题解决问题。

一、主要监管法规

在银团市场的发展中，各国及地区的市场监管当局曾相应出台过许多措施，这些措施都在不同程度影响着银团市场的发展，而《巴塞尔协议》《反托拉斯法》《利息制限法》在国际银团市场发展历程中都具有举足轻重的作用①。

(一)《巴塞尔协议》

1997年巴塞尔委员会制定了一系列重要的银行监管规定,虽然这些规定不具有法律约束力,但是鉴于其合理性、科学性和可操作性,许多国家的监管部门自愿遵守,特别是那些国际金融参与度高的国家。其中,巴塞尔协定和资本协议作为有效银行监管的核心原则,得到世界各国及地区监管机构的普遍赞同,并已构成国际社会普遍认可的银行监管国际标准。

(二)《反托拉斯法》

美国市场曾经由于《反托拉斯法》的施行,直接冲击银团贷款业务。2007年次贷危机之后,美联储也曾组织过业内关于抵制安排行不承担任何贷款份额的讨论,虽然最终没有出台任何规范,但在一定程度上引起了行业的重视。

(三)《利息制限法》

该法案的颁布曾一度影响日本银团贷款市场的发展,直到1999年《特定融资额度法》出台才有所缓解。《利息制限法》是一部旨在保护金融消费者的法律,是围绕金钱的借贷来制定利息最高限度的法律,其要求利息需基本控制在本金金额的15%~18%之间,而利息除包括我们常规理解的由借贷本金产生的利息和收入外,印花税、保证金等合同签订时的花费以及以礼金、手续费、调查费等名目征收的费用也包括在内,可以理解为借款人的借款成本。一旦银行征收超过利息限制上限的利息将视为无

---

① 中国银行业协会:《银团贷款行业发展报告》,2012.8。

效，借款人可以要求返还超出的利息。此制度一经推出，大大冲击了银团贷款市场中间业务费用的收取。作为长时间零利率的国家，日本银团贷款的手续费是各家银行推动银团贷款发展的强大动力，也是银行获取利润的主要手段。如果手续费收取被定义为利息受到法律的限制，将很大程度上影响银行的收入。现行规定银团贷款中收取的安排费、代理费等费用总和不得超过贷款本金的5%。

二、主要监管机构

世界主要的银团市场分为四大区域（美国、EMEA、日本、除日本之外的亚太），下面分别列出各银团贷款市场的主要监管机构：美国联邦储备委员会（Federal Reserve Board，FED，简称"美联储"）、英国金融服务局（Financial Service Authority，FSA）以及日本金融厅。

（一）美国联邦储备委员会（http：//www.federalreserve.gov）

美国联邦储备委员会为联邦储备系统管理委员会。联邦储备系统作为一个联邦政府机构，负责履行美国中央银行职责，具体职责包括：

1. 通过三种主要的手段（公开市场操作，规定银行准备金比率，批准各联邦储备银行要求的贴现率）来实现相关货币政策；

2. 监督、指导各个联邦储备银行的活动；

3. 监管美国本土的银行，以及成员银行在海外的活动和外国银行在美国的活动；

4. 批准各联邦储备银行的预算及开支；

5. 任命每个联邦储备银行的9名董事中的3名;

6. 批准各个联邦储备银行董事会提名的储备银行行长人选;

7. 行使作为国家支付系统的权利;

8. 负责保护消费信贷的相关法律的实施;

9. 依照《汉弗莱·霍金斯法案》(Humphrey Hawkins Act)的规定,每年2月20日及7月20日向国会提交经济与货币政策执行情况的报告(类似于半年报);

10. 通过各种出版物向公众公布联邦储备系统及国家经济运行状况的详细的统计资料,如每月一期的联邦储备系统公告(Federal Reserve Bulletin);

11. 每年年初向国会提交上一年的年度报告(需接受公众性质的会计师事务所审计)及预算报告(需接受美国审计总局的审计);

12. 委员会主席还需定时与美国总统及财政部长召开相关的会议并及时汇报有关情况,并在国际事务中履行好自己的职责。

(二)英国金融服务局(http://www.fsa.gov.uk/)

英国金融服务局于1997年10月由证券投资委员会(Securities and Investments Board,SIB,1985年成立)改制而成,为独立的非政府组织,是英国金融市场统一的监管机构。其主要工作目标为:

1. 维护英国金融市场及业界信心。

2. 促进公众对金融制度的理解,了解不同类型的投资和金融交易的利益和风险。

3. 确保业者有适当经营能力及财务结构健全,以保护投资者。同时,教育投资者正确认识投资风险。

4. 监督、防范和打击金融犯罪。其主要职能是负责监管银行、保险以及投资事业,包括证券和期货。英国金融服务局与英格兰银行(BOE)同隶属财政部,FSA 负责金融事业管理,而 BOE 主要任务维持金融稳定。FSA 是全世界最权威、最严格的金融监管机构,对客户的资金和操作规范每年都会审批一次,如果违反规定相关机构一定会被惩罚,甚至会吊销牌照。

(三) 日本金融厅 (http://www.fsa.go.jp/)

日本金融厅是日本金融监管的专职机构,其前身为金融监督厅,成立于1998年6月22日。金融厅的设立是为了确保日本金融系统的稳定,同时又以保护存款人、保单持有人、有价证券等投资者利益及促进金融便利化为目的。金融监督厅的设立标志着日本金融监管由过去政府主导下的"事前指导"向重视市场的"事后监控"的一个重要转变。金融厅的主要职能是:

1. 规划金融制度;

2. 对银行、保险公司、金融商品交易所等市场相关人员进行检查和监督;

3. 设置金融产品的市场交易规则;

4. 制定企业会计标准和其他债务相关的事项;

5. 监督注册会计师、会计师事务所;

6. 面向确立具有国际性协调功能的金融行政的国际机关,以及参与两国金融协议;

7. 监察金融商品市场规则的遵守状况等。

此外,日本金融厅还负责对民间金融机构进行严格检查和有效监管,根据法律直接参与处理金融机构破产案件,准确把握金融实情和动向,维护信用秩序,以及金融行政的计划和立案等工作。

三、主要的行业自律组织

世界上主要的银团市场均已成立了规范一级市场和促进二级市场发展的自律组织。20世纪90年代,标准化的银团贷款二级市场(Secondary Market)出现;1995年美国成立了"银团与贷款交易协会"(The Loan Syndications and Trading Association,LSTA);1996年英国成立了"贷款市场协会"(The Loan Market Association,LMA);1998年亚洲成立了"亚太贷款市场协会"(The Asia Pacific Loan Market Association,APLMA);2001年日本成立了"贷款债权市场协会"(Japan Syndication and Loan-trading Association,JSLA)。这些组织均以维护并规范市场行为准则、统一标准文件为目的,在银团贷款的组织及买卖、促进交易行为标准化和简单化、明确交易规则、研究贷款定价模型、协调市场参与者的合作等方面开展了诸多工作。

表3-1从规模、实绩、功能等方面简单比较了上述四个市场自律组织。

表3-1　　　　　　银团贷款市场自律组织比较表

名称	地点	成员构成特点	成立宗旨	主要功能	对于银团一级市场的贡献
LSTA	纽约	Full Member:国籍不论,商业银行和投资银行 Associate Member:主要为PIMCO等的资产运作公司 Affiliate Member:律师事务所、Bloomberg等金融信息提供公司	建立公正的、有秩序且高效的贷款市场。协调市场参与人的利益关系	● 一级市场以及二级市场的信息统计和分析 ● 通过公开协议文本的方式规范银行操作 ● 二级市场的价格推移表,以及参考价格的发表 ● 为专业人才介绍业内工作机会	● 发布协议范本,提供市场交易规则的见解,使市场有了统一的认识 ● 提供二级市场价格参考,提高一级市场价格的透明度

续表 1

名称	地点	成员构成特点	成立宗旨	主要功能	对于银团一级市场的贡献
LMA	伦敦	Full Member：国籍不论，主要为商业银行和投资银行，也有一部分基金等资产运作公司 Associate Member：非 Full Member 的商业银行、投资银行、资产运作公司、金融信息服务提供公司以及律师事务所 Courtesy Member：日本银行等中央银行、LSTA 等其他地区的同业团体	● 提高欧洲、中东以及非洲的一级市场以及二级市场的流动性、效率以及透明度 ● 通过银团贷款这一重要的融资手段，为各国企业谋取利益	● 通过发布规范化协议文本规范银行操作 ● 主办欧洲以及中东的教育研修活动 ● 收集同业意见，向政府提案	● 发布协议范本，提供市场交易规则的见解，使市场有了统一的认识 ● 通过教育、研修、行业活动提高了贷款市场的实践
APLM'A	香港	Full Member：主要为各国的商业银行和投资银行。上述两个团体相比以亚洲区的银行为主。一部分律师事务所以及汤森路透等信息服务公司 Associate Member：非 Full Member 的商业银行、投资银行、资产运作公司、金融信息服务提供商以及律师事务所 Single Center Member：中国香港、新加坡、澳大利亚中仅参加其中一部分活动的成员。如 ICBC 澳门等金融机构、渥美坂井律师事务所等法律事务所 Honorary Member：JSLA 等其他地区同业团体、Hong Kong Manatary Authority 等政府机关	● 在亚洲市场培育贷款的一级市场，提高二级市场的流动性 ● 发布适用于一级市场以及二级市场的规范化文本 ● 确立银团贷款在贷款市场的主力地位 ● 开发并推进标准化的交易流程、结算流程，以及价值评估方法 ● 建立二级市场人才培育机制 ● 为贷款市场提供市场参与者和监管层之间的交流合作机会 ● 在法律法规改变时，测试对银团贷款市场的影响 ● 收集成员意见，发挥行业领导优势 ● 通过研修会等形式促进产业发展 ● 亚太地区贷款市场专业的网络建设	● 发表银团贷款的规范化文本 ● 通过评选最佳案例推进市场规范化 ● 二级市场参考价格的发表以及市场分析 ● 主办各种研修会、学习会	● 发布协议范本，提供市场交易规则的见解，使市场有了统一的认识 ● 通过教育、研修、行业活动活跃了市场 ● 提供二级市场价格参考，提高一级市场价格的透明度

续表2

名称	地点	成员构成特点	成立宗旨	主要功能	对于银团一级市场的贡献
JSLA	东京	主力银行为首的都市银行、地方银行、外资银行、日资外资的证券公司委主要成员。律师事务所、Bloomberg等金融信息提供商也是成员单位	提高日本贷款市场的流动性，促进以银团贷款为代表的一级和二级市场的健康发展	● 发布规范化文本，作出法律解释 ● 为普及银团贷款提出各种方案 ● 主办各种会议，提供行业内交流的机会 ● 公布市场价格图表	● 发布协议范本，提供市场交易规则的见解，使市场有了统一的认识 ● 提供二级市场价格参考，提高一级市场价格的透明度

四、国际银团市场的主要监管原则和理念

（一）强调安全与竞争、效率与成本相权衡的监管新理念

20世纪30年代的大危机后，金融的安全性成为人们关注的首要目标，西方各国广泛实施了严格的金融监管（也即金融管制）。到了二十世纪七八十年代，随着凯恩斯主义的破产、自由主义的复兴和金融自由化理论的发展，提高金融机构的竞争力和金融业的效率再次引起人们的关注，人们对金融监管的批评越来越多。如金融自由化理论认为，政府实施的严格而广泛的金融监管使金融机构和金融体系的效率下降，不只是市场会失灵，政府也会失灵，即金融监管作为一种政府行为，其实际效果也受到政府在解决金融领域市场不完全性问题上能力的限制，国际银团贷款也正是遵循着这样一种理念。

（二）越来越重视金融机构的内部控制制度和行业自律机制

金融机构的内部控制是实施有效金融监管的前提和基础，是

防范金融风险的第一道防线。只有金融机构形成良好和严格的内控机制,外部金融监管才能有效,金融风险才能得到有效预防。世界各国的金融监管实践证明,外部监管力量无论如何强大,监管的程度无论如何细致、如何周密,如果没有金融机构的内部控制相配合,往往事倍功半。国外商业银行一般专门成立独立于其他部门的、仅仅对银行最高权力机构负责的内部审计机构,以保证银行内部监管的权威性和独立性。同时,银团贷款行业性自律组织从行业自律的角度对银团贷款分销及交易以及商业银行行为进行不同角度的规范和引导,从而促进会员业务的健康发展。

(三)金融监管的市场导向化和信息披露制度的强化

20世纪30年代至80年代,金融监管是市场压制性的,是监管替代市场。20世纪80年代之后,由于全球范围内无论是发达国家、发展中国家,还是转轨国家都在进行微观经济机制的调整,金融监管体系和市场机制再次发生了替代,只不过这次替代与当初构建传统的金融监管体系时的替代是反方向的,是市场替代监管。当然,无论是监管替代市场还是市场替代监管,都只是说二者作用的重要性有所差异而已,并不是一方完全取代另一方。比如监管替代市场并不是金融监管要在某些范围内取代市场机制,而只是从特有的角度切入金融业的运行中,为金融业的市场机制高效运行提供保障,反之亦然。

信息披露是市场约束的基础,市场参与者在决策之前,必须掌握关于金融机构准确、及时、有内涵的信息,而它们的决策本身又会对金融机构产生直接影响,进而对金融机构的行为构成市场约束。有鉴于此,各国监管当局和国际监管机构均对信息披露透明度给予越来越大的重视。

第二节　国内银团贷款市场监管环境

我国国内银团贷款的监管主体在 2003 年 4 月以前是中国人民银行，此后银团贷款的监管主体为中国银行业监督委员会。我国银团贷款业务的行业自律组织是中国银行业协会，具体的任务由中国银行业协会银团贷款交易委员会来承担。纵观我国银团贷款整体发展历程，监管当局出台的相关监管措施在不同程度上促进了我国银团市场的发展。银团贷款作为贷款业务的一种特殊产品，受到《银行业监督管理法》《商业银行法》《合同法》《担保法》《票据法》《贷款通则》《民法通则》《银行信贷登记咨询管理办法（试行）》《境内机构对外担保管理办法》《银团贷款业务指引》《流动资金贷款管理暂行办法》《固定资产贷款管理办法》和《项目融资业务指引》等调控一般银行贷款行为的法律法规约束。

一、有关"银团贷款额度范围界定"的相关规定

1995 年，中国人民银行颁布的《贷款通则（试行）》第 56 条规定："对贷款数额较大的贷款，由 2 家或 2 家以上贷款人组织银团贷款，明确各贷款人的权利和义务，共同评审贷款项目。牵头行要按协议确定的比例监督贷款的偿还。银团贷款要报人民银行备案。"这是首次在国内的规制体系中明确列出银团贷款，并明确银团贷款备案制度的法规。1996 年，中国人民银行颁布《贷款通则》，删除第 56 条银团贷款使用情形及备案制度的要求，另行规定银团贷款管理办法。

国家级监管法规中给出银团贷款的理论定义，未针对银团贷款产品额度的要求予以明确规定。在此方面，各省（市、自治区）监管机构及行业自律组织根据当地发展的实际情况，对银团贷款产品合作范围的额度要求作了明确的范围界定（参见附件1）。

二、有关银团贷款流程的规范化要求

1997年，中国人民银行颁布《银团贷款暂行办法》（以下简称《暂行办法》），被视为我国银团贷款走向规范的重要标志。《暂行办法》共7章40条，对银团贷款适用范围、银团贷款的定义、原则、筹组、发放、收回以及牵头行、代理行的职责和违约处理等方面予以规定；对银团贷款如何评审、银团贷款承销方式、成员行的利益分配作了原则性的规定。

2007年，中国银监会颁布《银团贷款业务指引》（以下简称2007年《指引》），共7章48条，从银团贷款的成员、银团贷款发起和筹组、银团贷款协议、银团贷款管理及银团贷款收费等方面进行了较为全面、细致的规定。与《暂行办法》相比，2007年《指引》的主要变化是：（1）扩大了银团贷款的适用范围；（2）删除不合理的收费禁止，明确收费规范；（3）允许银团贷款的转让；（4）规定牵头行的承贷份额和分销份额；（5）细化银团成员的职责、权利、义务及违约救济；（6）明确银团贷款的评审方式。

2011年，中国银监会废止2007年《指引》，制定新的《银团贷款业务指引》。2011年《银团贷款业务指引》共8章51条，主要变化是：（1）增设"银团贷款转让交易"一章，明确相关细节；（2）扩大代理行职责范围，删除牵头行在银团筹组后的职权规定；（3）为防止利益冲突，禁止借款人的附属机构或关联机构担任代理行；（4）为防止恶意竞争，要求在牵头行有效委任期间，其他未获委任的银行不得与借款人就同一项目进行委任或开展融资谈判。

三、关于"银团贷款份额分配与定价"的相关规定

2011年中国银监会制定的新《银团贷款业务指引》规定："尊重银团贷款中意思自治，删除对召开银团贷款会议成员比例的强制性规范、还本付息方式规定、收费种类和金额的限制及担保代理行的要求、转让交易的通知和同意等。"据此，在国家政策允许的范围内，各地根据当地金融发展水平和经济发展需要，制定了适合本地的"银团贷款份额分配与定价"，从而使银团贷款的运行更加适合本地的实际情况（参见附件2）。

四、中国银行业协会的相关自律公约

中国银行业协会是银行业的行业自律性组织，其主管单位是中国银监会。中国银行业协会以促进会员单位实现共同利益为宗旨，履行自律、维权、协调、服务的职能，维护银行业合法权益，维护银行业市场秩序，促进银行业健康发展。2006年8月，中国银行业协会银团贷款与交易委员会正式成立，具体负责银团贷款方面的银行业自律。

中国银监会在2007年《银团贷款业务指引》第五条中指出，中国银行业协会作为行业自律组织，负责银团贷款市场秩序的自律工作，协调银团贷款与交易中发生的问题，收集和披露有关银团贷款信息，制定行业相关公约等。2011年《银团贷款业务指

引》第五条中，中国银监会将中国银行业协会在我国银团贷款业务发展中的职责和作用进一步界定为："中国银行业协会负责维护银团贷款市场秩序，推进市场标准化建设，推动银团贷款与交易系统平台搭建，协调银团贷款与交易中发生的问题，收集和披露有关银团贷款交易信息，制订行业公约等行业自律工作。据此，多地银行业协会制定相应的本地银团贷款业务'公约'，通过建立银团贷款常务委员会、金融服务联系会议或银团贷款合作委员会等形式规范银团贷款行业在合作与竞争中有序发展。"

五、关于信贷资产转让的监管规定

银团贷款还受到与商业银行信贷资产转让有关的法律法规的要求。如2005年初，中国银监会、中国人民银行等监管部门推出《信贷资产证券化试点管理办法》。中国银监会2010年底发布第102号文《关于进一步规范银行业金融机构信贷资产转让业务的通知》（以下简称《通知》）。在前期明令禁止拆分性贷款转让之后，此次《通知》再次重申信贷资产转让需遵守整体性原则，并细化了四类信贷转让禁区。对于银团贷款，《通知》要求：转出方在进行转让时，应优先整体转让给其他银团贷款成员；如其他银团贷款成员均无意愿接受转让，且对转出方将其转给银团贷款成员之外的银行业金融机构无异议，转出方可将其整体转让给银团贷款成员之外的银行业金融机构。

SYNDICATION LOAN

第四章

国际机构银团贷款业务操作分析

第四章
国际机构银团贷款业务操作分析

第一节 国际机构银团贷款业务操作整体比较

一、总行和分行的银团贷款管理职能划分

中国银行业协会《银团贷款行业发展报告》对国际机构银团业务操作的流程进行了收集和整理。纵观国际银团贷款业务中总行、分行不同的分工模式，欧美银团由于发展历史较早，已形成较为完整的专业化管理团队和管理程序，银行内部架构清晰，职能划分明确。一般来说，总行职能主要在于统筹安排世界各地分行的业务，制定管理办法，基本不参与项目操作，重点履行管理职能。日本银行为了避免开展银团贷款业务有可能发生的信用风险、分销风险等，总行负责从全局角度出发会同前台及审查部门参与业务操作。

国内大型商业银行银团贷款业务职能机构有总行管理并具

体参与项目操作、总行以管理为主两类模式。从银团贷款两类分工模式的优劣来看，总行以管理为主的模式中，总行职能相对单纯，有助于部门集中精力深化和细致工作流程，但由于不参与银团贷款的操作，可能存在对具体项目进展情况缺乏把握，使分行的重点项目得不到恰当的技术指导等问题。总行管理并具体参与项目操作的模式，有利于总行对分行具体项目进行有针对性的技术指导，提高总行政策的可行性和有效性；同时，从总行层面建立和维护分销渠道，有助于扩大银团贷款组织范围，提高银团贷款的影响力和竞争优势。

在贷款分销及贷后管理方面，欧美银行银团贷款的承销由总行设立的部门承担，分销及贷后管理则由分行具体执行；日本一级市场的银团贷款分销业务、二级市场贷款债权的转让业务及贷后管理主要由总行银团部下设的分销部承担，分行则主要负责收集客户信息、协商发起银团提案、相关材料收集等。我国银团贷款中总行既负责制定全行银团贷款业务的发展战略、整体业务规划、管理制度和操作办法，又牵头营销、组织协调总分行筹组重点银团贷款项目；分行执行分销工作，并主要制定本级银团贷款规定，开展本地业务。表4-1是国际银行内部具体管理机构的组织架构。

二、以中国香港为例的银团业务操作

香港银行经过多年的积累，建立了成熟的银团贷款决策机制和操作程序。在亚太地区的银团数据中我们已经发现香港银团市场规模庞大，由于香港地位的特殊性，香港银行的银团贷款业务操作对于内地具有独特的可借鉴性，遂将香港银行银团贷款业务操作要点作简要分析。

表4－1 国内外银团内部组织架构比较

银行类型	总概括	总部部门 名称	总部部门 部门级别	总部部门 职责	分销及贷管理 分销团队	分销及贷管理 贷后管理	分行职责	考核激励
欧美银行	总行负责管理；分行具体业务执行	"银团筹组"部门	隶属于投资银行部、金融部或者产品部之下	统筹安排管理分布在世界各地的分行从事的银团业务；制定相应的管理办法；准备相应的银团筹组意见，配合信贷报告一同提交审贷；对于一些全球重点客户和大型项目，总行及相应业务条线会提供技术支持和指导；对分行的授信报告提意见	在公司信贷部门之外或之下独立设立银团贷款部门负责销售，分行负责承销，由分行负责具体的分销	一般都由代理行负责管理，分行负责执行	分行公司金融部与客户的接触和沟通，得到初步的意向和项目信息；以分行为主进行项目的尽职调查及评估；分行在总行筹组部门的授权书、指导下签署授权书，完成授信报告，承担银团分销	牵头行或参与行家数、手续费收入、牵头银团规模、客户关系维护，潜在业务挖掘和综合收入水平等等。通过从总行到分行的考核，根据已有的激励机制，对分行到分行形成相应的激励措施，如年终奖金等
日本银行	总行偏重于业务操作	银团贷款部	总行级别	统一管理全行银团贷款业务中的发起、分销、贷后管理等业务	银团部下设分销部，主要负责一级市场的银团贷款业务和二级市场贷款债权的转让业务	银团贷款部内设有代理行小组，负责贷后管理	收集客户信息，协商发起银团贷款提案，相关材料收集等	每半年作为牵头行的组银团金额总额、每半年手续费收益等指标。对于已经完成的案件，银团贷款负责部门每半年对最佳银团贷款案件进行评选，对当选最佳银团贷款案件进行表彰

续表

银行类型	总概括	总行部门 名称	总行部门 部门级别	总行部门 职责	分销及贷后管理 分销团队	分销及贷后管理 贷后管理	分行职责	考核激励
中国大型银行	分为总行管理并参与指导具体项目，总行以管理为主两类	银团贷款管理团队	隶属于公司业务部或投行部	总行负责制定全行银团贷款业务的发展战略、管理制度和操作办法，牵头营销，组织协调总分行筹组重点银团贷款项目，并对分行给予技术支持；与金融同业进行"总对总"的联系交流，搭建银团贷款分销网络和市场信息交流渠道；负责全行银团贷款专业队伍的培养与开发	主要由分行分销	比照传统信贷业务	分行负责制定本级行银团贷款业务的发展战略规划、管理制度和操作办法；在本地推广、对本级行分支机构做银团贷款战略、计划实施、标准控制、业务合规等方面进行管理；与本地金融同业合作，开展银团贷款分销业务合作，建立本地银团贷款分销渠道和网络，组织做本级行及分支机构银团贷款业务人员培训；协助办理其他总行要求的工作。支行（和分行营业部）作为业务操作部门，负责制订和业务初步方案具体操作	大多国内大行的总行都对银团贷款业务设置了考核指标，包括牵头银团贷款家数、银团收入、银团贷款规模等定量指标，银团贷款向分行下达相应的考核指标，由总行向分行下达相应的考核指标；部分银行还设置了专业人员培养、同业分销网络建设等定性任务指标。目前，总行对分行的激励机制还激励手段较薄弱，激励手段主要采用营销竞赛、评优、考核奖励的方式进行激励

资料来源：《中国银行业协会银团贷款发展报告》。

(一) 评审内容及指标

总体来看，香港银行普遍把银团贷款作为一种主要的贷款形式，广泛应用于公司融资、项目融资、搭桥贷款、杠杆融资（如管理层收购）等领域，其项目评审的方法标准和非银团贷款区别不大，只是在牵头行的评审报告中，增加对银团分销方案分析的内容。以牵头行编写的项目融资银团贷款评审报告为例，主要包括借款人信用评审、项目风险评估、分销策略三部分。其中，项目风险评估主要考虑政治风险、资金风险、行业风险、市场风险、汇率风险、经营风险、项目财务测算、担保结构等。财务测算模型以现金流预测为主，计算项目年度息税折旧摊销前利润（EBDITA）对当年本息的覆盖程度（即偿债覆盖率）、流动性比率、项目全部负债对项目估值比率以及项目收益作为再投资的比例控制等。此外，要求借款人作出一系列限制性承诺，如分红限制、其他负债限制、投资和不抵押保证以及借款人重组、资产出售等方面的要求等。

(二) 定价方法

银团贷款的定价由客户部门与银团信贷贷款管理部门共同完成，客户部门主要考虑回报率的因素，而银团贷款信贷管理部门主要根据市场情况进行定价决策。在作为牵头行的情况下，银团贷款的定价主要考虑两方面的因素：一是贷款的市场因素；二是银行的资金成本及其回报。由于牵头行负责承销贷款，贷款利率水平直接关系到能否被市场接受，因此贷款市场及同业定价水平是银行在定价时考虑的主要因素。每家银行都有自己的定价模型，主要依据借款人的信用评级及各项财务指标测算。如，荷兰国际集团（ING）采用 RAROC 方法进行定价，中银香港采用与贷款风险挂钩的成本法进行测算，巴克莱银行主要根据银团的结构及银团贷款策略进行定价。但是这些测算价格只是一个参考，银团贷款信贷管理部门会根据市场情况进行调整以确保分销成功。一般情况下，在定价时要考虑项目所在国家或地区的风险等级、市场条件、客户关系以及银团策略（是否转让）等因素。例如，同一借款人最近完成的融资价格、类似借款人最近在市场上完成的融资价格、其他银行对同一借款人贷款的价格等。可以说银团贷款的定价是以市场为导向的。"定价是一门艺术"，要考虑到各个方面的需求及不同的市场条件。大多数银行会在评审报告中对所定的价格进行详细说明，以阐述定价的合理性。

（三）决策程序

香港银行开展银团贷款业务一般设立专门机构和人员，各项机制比较健全，标准化程度较高，因此决策周期相对较短。一般牵头行在完成评审报告后的 2~5 个工作日内完成内部审批。根据决策机制的不同，存在两种决策模式。

1. 外资背景的银行（如花旗、巴克莱）决策模式

这种模式的主要特点是，对银团贷款设立专门的审批人，由于具有充分的授权，不同级别的审批人具有相应的审批权限，贷款决策直接由 2~3 个审批人组成的审批小组（依据项目的不同而不同）完成。该小组可以根据项目的进展随时开会讨论并投票决策，一般项目从上报评审报告到决策可在 48 小时内完成，用款需求较为急迫的项目最快可以在 24 小时内完成。

2. 华资背景的银行（如东亚银行、中银香港）决策模式

这种模式的特征是，由一个固定的决策委员会完成所有项目的审批，银团贷款只是其决策范围的一部分。该委员会专司信贷审批任务，一般一周开会两次，会上讨论并投票，得出初步结论

后再报相应的副行长、行长审批。一般从评审报告上报到决策完成约需5个工作日的时间。

（四）合同审查

一般银行担任牵头行角色时，会外聘律师起草贷款文件并协助参加谈判，在银行内部则由银团经理及银团代理行经理负责审查贷款协议的商业性条款，而客户经理负责对贷款协议中与委托书中不符的条款进行审查。在通常情况下，银团贷款的协议文本均采用APLMA（亚太贷款市场协会）的标准文本，在没有改变框架文本的情况下不需再经过行内律师的审查。遇到一些较为复杂的项目时，银团经理及客户经理会请行内律师对一些法律条款，如抵押、收购合并等提供意见。一般做法是，在协议文本条款与委托书或贷款条件书中的条款一致时，不需再向上报批或由银行内部法律部门出具意见，可直接签署协议；在不一致时，需根据审批权限逐级上报在获得批准后签署协议。

第二节 国际典型机构银团贷款业务操作比较

一、典型机构银团组成形式

从银行与贷款客户的外部组织关系来看（如图4-1），某外资银行作为牵头行与客户进行沟通和信息的反馈，在与客户达成协议后，该外资银行再去寻找其他的参与行，而这些参与行不与客户直接沟通，只能把想法和意见通过该外资银行传递给客户，然后再等待反馈。这一点与我国银团组成形式不同。在我国，牵头行在征得客户同意后，协同参与行一起与客户沟通、签订条款。由此观之，外资银行作为牵头行，有更大的权限和空间。

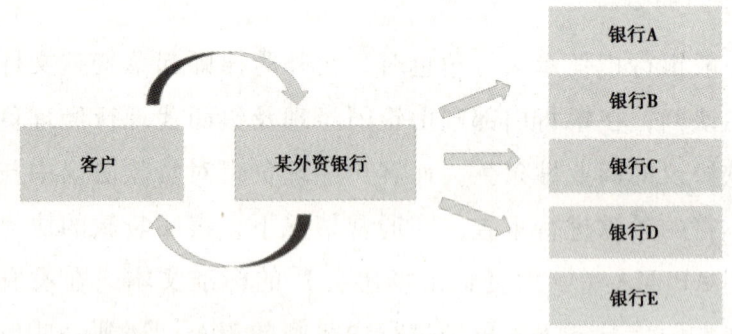

图4-1 客户—某外资银行A—其他参与行的关系图

从银行银团贷款内部组织结构来看（如图4-2），外资银行银团贷款内部组成主要体现为公司业务部门与金融机构部门在充分合作的基础上，为客户和机构投资者提供投融资平台。

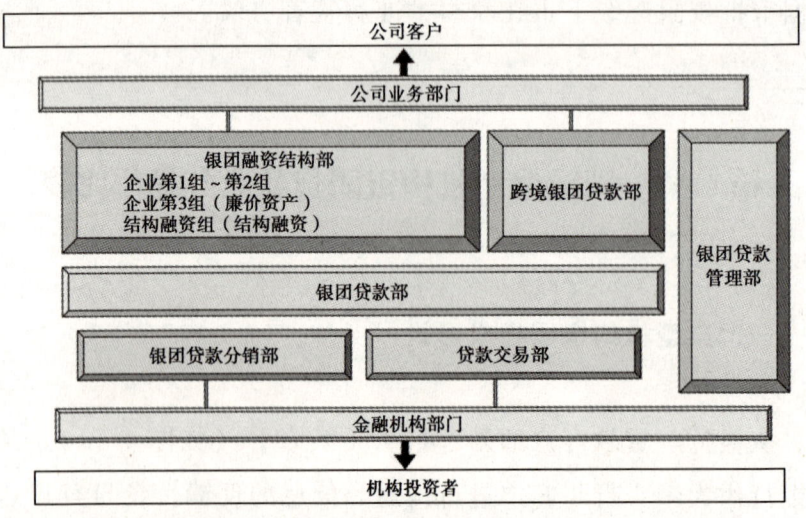

图4-2 外资银行银团贷款部门组织架构

二、国际典型机构银团贷款流程

(一) 外资银行

一般来讲,外资银行银团贷款流程大概可分为分销前、一般分销和完成/分配三大部分(如表4-2所示)。以一般性流程为基础,以下将详细阐述外资银行银团贷款交易路程中各个环节的内容(如图4-3所示)。

表4-2　某外资银行A银团贷款操作一般流程

分销前	一般分销	完成/分配
➢ 开展尽职调查	➢ 组建承销团	➢ 文件定稿
➢ 准备信息备忘录	➢ 建簿并分配	➢ 签字仪式
➢ 筛选并任命法律顾问	➢ 一般分销(4~6周)	➢ 实现最佳的宣传效果
➢ 根据成本、投资者组合等考虑因素组建银团	➢ 同时谈判文件条款	➢ 满足提款的前提条件
	➢ 完成文件条款	➢ 提款
➢ 制定目标银行表	➢ 银行审核文件(1~1.5周)	

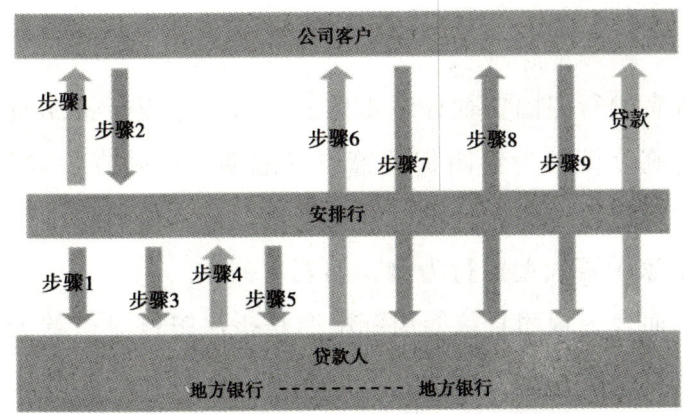

图4-3　某外资银行银团贷款交易流程

针对图4-3，对该外资银行交易流程进一步解释说明如下：

步骤1：安排架构、规划；市场调研以确定贷款人的兴趣以及其可以接受的利率水平。

步骤2：委托书、尽职调查（现场考察等）等内容。

步骤3：正式邀请。

步骤4：贷款人签署保密协议，以取得公司客户相关信息。

步骤5：向贷款人发放信息备忘录；所披露的信息需要得到公司客户的同意。

步骤6（需要时）：贷款人要求公司客户披露更多的（一般为非公开的）信息，对此，牵头行会与客户协商。

步骤7（需要时）：向贷款人发送更多的信息。

步骤8：文本制作；协商承诺条款（包括报告，同等受偿地位，交叉违约，维持一定的财务比率如负债比率、利润总额等，避免借款人向第三方提供抵押等），以及贷款条件承诺书；签署贷款合同。

步骤9：贷款人确认是否满足先决条件；提款。

步骤10：转让（需要时）。

（二）中资银行

与外资银行银团贷款程序相仿，我国大型银行银团贷款筹组流程也可高度概括为银团贷款筹组酝酿期、银团贷款筹组前期、银团贷款筹组后期三大阶段，但具体每个环节的操作细节有所不同（以某家中资大型银行为例，如表4-3）。

具体而言，银团贷款筹组酝酿期是指从银行对借款人或项目的前期营销开始到获得借款人正式发出银团贷款委托书之日止的期间。在此过程中，经办行受理银团贷款申请后，由总行或一级分行选派行内较高级别的客户经理、产品经理、风险经理、行业

表 4-3　　　　　　　　某中资大型银行银团贷款流程

不同阶段	具体流程
银团贷款筹组酝酿期	公司业务部门完成项目调查评价
	项目审批
银团贷款筹组前期	➤ 牵头行或安排行成立工作小组 ➤ 确定银团筹组策略 　——银团结构，参加费分配 　——经理团名单 ➤ 印制信息备忘录，准备银团文件资料
	➤ 组织经理团 ➤ 拟定初步银团邀请名单 ➤ 筹备经理团会议 ➤ 编制银团文件
	➤ 经理团会议 　——银团邀请名单 　——保留及分销目标 　——分工安排 　——工作进度表
银团贷款筹组后期	➤ 银团筹备工作最后阶段 　——确定银团邀请名单 　——经理团授权邀请文件的发送
	➤ 发送银团邀请文件
银团贷款筹组后期	➤ 处理函件、报告筹组进度 　——解释有关询问 　——处理回复文件 　——报告筹组进度
	➤ 确认贷款合同（条款）
	➤ 银团正式组成
	➤ 确定银团金额分配 　——经理行确认银团金额的分配并通知参加行

续表

不同阶段	具体流程
银团贷款筹组后期	➤ 确定银团贷款合同 ——发送贷款合同给参加行 ——筹组签约仪式 ➤ 银团签约 ——各参加行确认的贷款合同 ——印制贷款合同 ——通知签约仪式细节 ——举行签约仪式
银团贷款的贷后管理	➤ 根据借款人需求，商定提款计划 ➤ 借款人在满足提款条件的情况下，提出借款需求 ➤ 代理行审核提款条件 ➤ 代理行通知各银团成员借款人提款需求 ➤ 各参加行将贷款资金划汇代理行账户 ➤ 代理行统一归集资金后拨付借款人 ➤ 代理行定期向银团成员通报情况，定期召开银团会议 ➤ 借款人将还款资金（包括本金和利息）拨付代理行 ➤ 代理行根据各成员行份额比例及借款人还款情况，将还款资金划汇至各成员行账户

专家和法律顾问组成银团贷款项目内部工作组（以下简称"工作组"），开展银团贷款筹组工作；牵头行与借款人保持密切的沟通和联系，根据项目进展情况和市场测试结果，及时调整和修改借款人提出的贷款条件，主要包括银团结构、牵头行自留额度、分出额度、价格、期限、还本付息方式和保证方式等，并与借款人协商一致；最终根据商定的贷款条件提交并完成贷款审批，根据审批结果，出具贷款建议书，获取银团贷款委托书。

银团贷款筹组前期是指获得银团贷款委托书当日开始到牵头行向预先选定的一批银行发出正式银团邀请函之前一天为止。牵头行在征求借款人意见后，可委任在银团贷款方面有丰富经验的律师事务所作为银团律师，制订银团筹组时间表，确定银团筹组策略，起草银团贷款文件。牵头行应明确银团结构，包括是否组建经理团，确定经理团的名单和参加费的分配方案等。此外，牵头行负责银团文件的编制，包括信息备忘录、银团贷款合同和银团邀请文件，并负责召开经理团会议，确定保留和分销目标、参加行费率和分工安排，确定最后银团邀请名单。

银团贷款筹组后期是指发出银团邀请函之日起至签署贷款文件后的一段时间，其中包括正式邀请、银团金额分配、贷款文件安排和贷款文件签署。经理团或牵头行向拟邀请的银行发出银团邀请函，主要包括邀请参加的金额、邀请参加的级别和该级别可收取的管理费计算方法和回复期限等；牵头行或经理团召集会议，通过银团贷款金额并通知参加行，银团正式组成；牵头行或经理团将拟定的贷款合同发送参加行征求意见，获得借款人和参加行认同后，筹备并举行签约仪式。

银团贷款合同签署后进入贷后管理环节，一般情况下各银团成员委托代理行进行日常银团贷款的管理，由代理行归集贷款资金进行发放支付以及本息回收的划付，不定期召开银团会议，协商各项银团事宜；银团贷款的代理行也有义务定期向各银团通报银团情况及借款人情况，在借款人出现重大事项时也可以临时召集银团会议商议。

第三节　国外机构银团贷款业务操作经验借鉴

一、国外银团贷款业务操作流程经验借鉴

（一）基本工作流程的借鉴

1. 专业化模式运作

专业化运作主要包括牵头行与客户沟通、银团之间与客户之间沟通及贷款后的管理和风险控制等流程的整体控制。国外银行操作银团贷款，通常是其某一分行经过前期运作，与客户建立关系后向上级分行提交《征信报告》，由上级分行责成两个专业小组——控管组和评估组分别对项目贷款提出意见，形成《评估书》并上报区域总部。区域总部根据《评估书》，征求另一个专业小组——审核组和该客户母公司所在地银行（视同一个专业组）的意见后决策。在贷款决策执行中，某一分行作为牵头行，与审核组一起共同委托经验丰富的银团贷款专业人士，就风险分担、合同条款、利益分配、权利与责任等相关事宜磋商并根据磋商结果签订合同，由联贷组负责监督执行合同。另外，在整个贷款管理中，银行始终与有关保险顾问公司、律师事务所等中介机构保持联系，及时得到专业化的服务。

2. 严谨的合同谈判

国际银团贷款运作的核心环节是贷款谈判，通过谈判保证合同文件的可行性和严谨性。一般而言，贷款谈判阶段要经历2~3个月，对于金额较大的项目谈判时间甚至更长。在谨慎谈判中，主要是保证贷款执行阶段有据可依，因此要详细规定贷款牵头

行、参与行、担保人等各方责任、共同条款协议（贷款合同的核心文件）、其他合同文件等。

3. 优化贷款提款流程

贷款协议签订后，银团贷款进入提款期，借款人希望尽快拿到贷款，否则要支付一定承诺费。国际上对银团贷款提款的普遍做法是借贷双方在文件上签字就可以提款，但必须首先满足协议规定的一系列先决条件。这些设立先决提款条件包括提供各类文件如项目合同、财务报告、担保文件、保险单据等等。如暂不能提供所要求文件，借款人必须确定什么时候可以提供，代理行根据项目实际情况及条件满足情况决定是否准予提款。

代理行收到所有符合条件的资料后既要回复借款人，又要通知各家银行做好提款的各项工作。在这个过程中，与各家银行进行联系时应优化提款流程，缩短提款时间，并规范借款人提款行为。一旦提款通知发出，便是不可撤销的。因为任何理由借款人未按提款通知办理，由此产生的一切费用和损失由借款人承担。国际银团贷款的复杂性使贷后的管理变得繁琐，通过优化贷款的提款流程，可以节省借款人和代理行的时间成本，使银团贷款变得更加高效快捷。

4. 强化牵头行的分销理念

银团贷款中牵头行往往兼具资金规模、客户信息、同业号召力等多重优势，但国内外银团贷款牵头行在一级承销中所发挥的优势和侧重点有所不同。具体而言，国外牵头行充分发挥自身的信息和关系优势，为银团贷款客户和参与行之间搭建借贷平台，自身在借贷关系中仅投放较少份额的贷款额，或在与贷款客户达成借贷协议后迅速将自身大部分份额转出，以收取中间服务费为盈利点，真正发挥高度中介化的职能；与国外牵头行"中间人"的运作理念不同，我国强调牵头行在银团贷款中对信贷资产的持有,无论是监管层还是总分行均存在若干对牵头行银团贷款最低持有份额的隐性规定。在我国当前信贷资产二级市场转让受阻的政策环境下,强化牵头行一级市场分销理念显得尤为重要,以"中介的中介"作为牵头行在部分银团贷款中的角色定位,促进资产流动性的管理和信用风险的规避。

(二) 贷款风险规避模式的借鉴

对一个大的项目组建银团贷款,银行面临各种风险,为规避这些风险,银行采取一系列的风险规避管理措施,有效降低风险可能带来的损失。因此,分析国际银团贷款项目的风险,探讨国际银团贷款对风险的规避模式,研究我国目前项目风险规避对策,对今后我国商业银行银团贷款项目管理的重要性不言而喻。

1. 信用风险的规避

借款人是否有能力和意愿按规定偿还贷款本息,关系到借款人的信用问题。银团贷款中信用风险可以通过独立的第三者信用评级机构的信用评级来反映。它是对借款人偿还债务能力和意愿的意见,可供借款人财务分析时参考。最常见也是规模最大的两家评级机构是标准普尔和穆迪。标准普尔评级的长期信用评级分为两种:一种是投资级;另一种是投机级。投资级包括AAA、AA、A、BBB四个级别,投机级包括BB、B、CCC、CC等,不同的级别投资风险也不同(如表4-4所示)。

表4-4　　　　　债务违约的平均积累率　　　　　(单位:%)

时间段	信用级别						
	AAA	AA	A	BBB	BB	B	CCC
10年内	0.67	0.90	1.48	3.63	14.42	27.13	44.23
15年内	0.67	0.98	1.92	4.27	15.84	27.83	44.23

资料来源:标准普尔。

2. 利率风险的规避

对于利率风险,国际银团贷款对利率确定的一般方法是在伦敦银行间同业拆放利率的基础上再加上一定加息,或者在美国商业银行优惠利率(商业银行对信用最好的顾客的借款利率)之上加个利差。但有时也有用两种利率共同定价,即贷款利率在伦敦银行间同业拆放利率的基础上再加上一定加息,占一定比例 A,然后在美国商业银行优惠利率之上加个利差,占一定比例 B,A、B 两者的利率之和为 100%。

随着国际银团贷款业务的不断发展,国际银团贷款的利率确定也进行了改进。第一是浮动利率。如一笔 8 年期的贷款,第一年加息为在伦敦银行间同业拆放利率的基础上加 0.875%,但以后各年的加息都可以浮动,每年先由银团中的各家银行就贷款未偿还部分的金额及到期日,根据市场情况进行加息,然后各银行报出的加息进行加权平均,算出实际的加息。第二是承诺远期重议利差。如牵头行集团同意贷款给某一借款人一定金额为期 3 年,并答应在原贷款签约 3 年之后,再安排相应的 3 年贷款,其他参与银行只需承担 3 年的贷款责任。牵头银行虽然收取相当 6 年贷款的费用,但是借款人争取到较低利差的 3 年信贷,而未确定后 3 年的利差,由于后 3 年的加息率未确定,银行未承担利率扩大的风险。第三是循环贷款定价。每隔 3~6 个月调整一次贷款利率,也称为循环基础上定价。新的基础利率是在循环日之前两天计算的,相当于银团贷款几家参考银行所报出的贷款利率平均数,参考银行一般在贷款协议中具体指出。

对于利率的调整,欧洲货币市场要比美国市场频繁,主要是欧洲货币市场上的竞争比较完全,资金的供给和需求具有弹性,当利率变化了,所有银行都要调整放款利率,而美国市场却有某种垄断力量,变化不如伦敦银行间同业市场拆借和拆放利率频繁。

3. 汇率风险的规避

在浮动汇率制度下，汇率风险首先应该考虑货币的汇价风险，同时考虑货币的可利用性和借款目的。一般国际银贷款涉及外币，则借入外币选择的原则包括：

（1）借款外币最好与使用货币相结合。

（2）借用外币要与购买设备后生产产品的主要销售市场相结合。

（3）借款外币通常最好选择软通货。

（4）若硬通货上浮幅度小于硬通货与软通货的利率差，则借硬通货；若硬通货上浮幅度大于软、硬通货利率差，则借软通货[①]。

除了货币选择避免汇率风险，汇率风险的规避还可以有以下几种措施：第一，通过外汇买卖方式，把远期的外汇按固定汇率买进或卖出，到期再进行实际支付；第二，采用期权方式解决出口合同货币与贷款协议货币不一致问题。

（三）贷款费用分配模式的借鉴

在国际银团贷款中，借款人在贷款协议签订之后，牵头行对借款人收取一定费用，一般包括牵头费、管理费、杂费、代理费和承担费。由于银团贷款参加银行较多，有时可能有多家牵头行（其中一家是主牵头行）；参加行由于其贷款份额的不同，地位也不尽相同，这么多银行参与到银团贷款中，如何将费用在这些银行间进行合理分配，找到一个合适的费用分配点，成为一笔银团

---

① "软通货"指在国际金融市场上汇价疲软、不能自由兑换他国货币、信用程度低的货币；"硬通货"指在国际金融市场上汇价坚挺并能自由兑换、币值稳定，可以作为国际支付手段和流通手段的货币。

贷款最后成功的关键之一。

1. 牵头费的分配方式

牵头费是牵头银行因领导一项银团贷款而获取的报酬,国际上一般按总额的 0.125% 收取。如果只有一家牵头行,牵头费则按照协议全额支付给牵头行;若有 2 家以上的牵头行,牵头费的分配在借款人的委托书内并未有任何限制性分配费用条款的,牵头行可自由行使安排银团贷款的职能;如果有多家牵头行,各家牵头行的地位不同,且现行市场环境和安排策略不同,采用的分配方式也多种多样。

国外还出现过这样的情况,某个项目存在多家牵头行,但有一些牵头行对该笔银团贷款没有任何人力及技术上的贡献,情愿不要这些牵头费,而只是借此机会培养自己内部的专业人员,熟悉银团贷款的运作程序,以牺牲费用分配而达到参加银团贷款的目的。也有可能是各家牵头行分别承担了银团贷款角色,均有人力、技术投入,但负责安排的牵头行(主牵头行)将牵头费非均一地分配给牵头银行。

2. 其他费用分配方式

管理费的费率一般按贷款总额的 0.15%～0.5% 收取,其分配是在牵头行和包销行之间,根据他们各自包销所占总包销份额的比例计算得出。

杂费是银团贷款的牵头行及其参与银行因组织贷款而花费的零碎开支,包括车马费、律师费、宴请费、通讯费、印刷费等等,这些费用均由借款人负担。杂费的费率一般为贷款总额的 0.06% 左右,收取的方式一般都是一次性收取,其分配方式是根据各自所参加的金额与最初或所分配到的包销金额的比例进行摊算。

代理费是支付给代理行的费用,作为代理行在整个贷款期间管理贷款、计算利息、调拨款项等工作的补偿。代理费费率一般为贷款总额的 0.25% ~ 0.5% 间，一般是向参加行收取。

承诺费是对未提取的贷款余额所支付的费用，其收费标准是根据各参加行未提完的贷款余额，按照一定费率计收，一般为年率的 0.25% ~ 0.5%，承诺费分别支付给各参加行和牵头行。

二、香港国际银团贷款操作的主要经验

总的来看，银团贷款作为信贷市场上的主打产品，标准化程度较高、流动性较好、收益性较高，可有效分散风险。香港银行经过多年积累，建立了成熟的银团贷款的决策机制和操作程序，值得境内商业银行借鉴。

（一）建立专业化团队是成功开展银团贷款业务的关键所在

要成功高效地开展国际银团贷款业务，必须有一支高度专业化的业务团队作支撑。花旗银行、巴克莱银行、安银银行等在香港主要以牵头行身份开展银团贷款业务。这些银行都设有专门的银团贷款业务团队（机构设置有所不同，如全球贷款部或企业银行部），其工作范围包括银团贷款业务最核心的内容，如融资结构设计、贷款定价、银团组建、贷款分销、融资文件制作等。这支队伍具备丰富的金融专业知识和经验，熟悉项目融资、并购融资等不同业务品种的操作，深谙银团贷款业务的各个环节，而且具有十分敏锐的市场感觉，能够对银团贷款市场的潜在容量和价格水平进行整体把握，并能对市场各参与者的业务经验和优势以及承贷能力和意愿作出较准确的判断，从而综合平衡各方面的需求和利益，设计出既满足借款人需要又能被市场所接受的融资结构和银团方案，确保银团的成功组建和贷款的顺利分销，并在风险可控的前提下获得合理的回报。

（二）差别化的业务处理是开展银团贷款的普遍做法

香港银行以不同角色参加银团时，内部业务的办理程序有较大差别。作为牵头行时，一般会对项目有较早的介入及深入了解，会对项目进行各种风险评估，并聘用行业专家及律师进行尽职调查。以参加行身份参与时，会较多依靠牵头行所提供的资料进行分析与判断，如自己掌握的企业、市场等情况与牵头行提供的资料有较大差异时，会要求牵头行反馈企业并要求企业予以澄清和解释。

在制定决策流程时同样区别对待。作为牵头行安排的国际银团贷款，客户信用评级、贷款评审方法标准及审批程序可按正常贷款项目执行；作为参加行的国际银团贷款，可按照实际牵头行的信用等级不同差别化处理。具体而言：

1. 在评审和决策阶段

对于银团牵头行信用等级较高的（如，穆迪信用评级在A1级以上，或《银行家》杂志排名前50的银行），可以适当简化评审要求，采用牵头行的评审结论（有异议的部分可单独评审）；在审批权限上，一定额度内的审批可授权分行执行。对于银团牵头行信用等级不高时，信用评级、贷款评审及审议程序可按正常贷款项目执行。

2. 在合同签订阶段

作为参加行时，不需再另行聘请律师对牵头行提供的合同文本进行审查并出具意见。对于采用APLMA银团贷款标准文本的合同，不需行内法律部门的审查，直接由业务主管部门进行审查即可。

（三）职责和权限划分清楚是提高工作效率的前提

银行权责划分清晰主要体现在银团有关部门之间权责和总分

行决策权限划分清晰两个方面。作为银团贷款牵头行时，主要由发起部门（Originator）、分销部门、风险管理部门和决策委员会参与银团贷款的运作。发起部门主要负责客户关系管理、融资方案设计和评审报告撰写；分销部门配合发起部门进行融资方案设计、合作银行关系管理、分销报告撰写和分销有关事务管理；定价则由发起部门和分销部门共同决定；风险管理部门负责对本行所持有份额的贷款进行风险审查和所承销份额的分销风险进行把控；决策委员会负责方案的最后决策。作为参与行时，银团分销部门不需参与其中。银团贷款的审批权限在总分行之间也有着清晰的划分。权限的划分主要有类别和额度两个维度。比如杠杆融资类银团贷款（LBO），都需要由总部审批；对于公司融资和项目融资则按额度区分是由总部还是分行决策。

（四）评审和审查相互配合是提高决策效率的重要因素

基于明确的职责分工，香港银行在贷款决策过程中，前台、后台始终保持充分的沟通。在评审阶段，后台人员（如合规审查、法律审查、定价审查、合同审查等）提前介入，在完善贷款条件、解决评审中遇到的问题，以及应对客户需求变化等方面充分发挥作用，避免由于审查、评审立场不一致产生的内部反复。在审议阶段，前台人员（评审人员、贷款分销人员、行业分析人员等）可列席审议会议对决策层汇报并解释，保持评审信息的真实性和完整性，避免信息传递的衰减和失真。在合同签订阶段，作为参加行的，合同审查部门应提前介入，与客户经理共同对文本提出修改意见，以便提高决策效率，同时有效把控风险。

SYNDICATION LOAN

第五章
国家开发银行银团贷款业务发展状况

第五章
国家开发银行银团贷款业务发展状况

第一节　国家开发银行银团贷款业务发展历程

自从 1994 年签订第一笔银团贷款合同（北京铁路局京九铁路京衡段项目 2 700 万元银团贷款）以来，国家开发银行银团贷款业务已经有近 20 年的实践和积累。特别是近年来，银团贷款成为国家开发银行解决客户中长期融资需求的主力产品，取得了长足发展。截止到 2013 年 6 月末，银团贷款表内外余额均突破万亿元大关，年均增长率高达两位数以上。

一、银团贷款发展沿革

国家开发银行银团贷款发展历程大致可分为"开拓起步""快速发展""深化创新"三个阶段。

（一）第一阶段——银团贷款开拓起步阶段（1994~2004年）

1994年12月，国家开发银行与中国银行签订了第一个银团贷款合同，拉开了国家开发银行银团贷款发展的序幕。但在此阶段由于受相关政策约束和产品种类匮乏的限制，银团贷款的规模有限，发展较为缓慢。

（二）第二阶段——银团贷款快速发展阶段（2005~2008年）

银团贷款成为国家开发银行解决客户中长期融资需求的主力产品，银团贷款业务管理制度逐步完善，直接银团、间接银团等余额快速增长。特别是间接银团贷款直接推进了国内银团贷款二级市场发展，使银团贷款资金来源更加灵活，为存量资产组建银团提供了理论和市场基础。

（三）第三阶段——银团贷款深化创新阶段（2009年至今）

国家开发银行银团贷款管理制度进一步完善，双边转银团、总分协议等多种创新模式出现，银团贷款业务从追求业务规模向完善管理机制转变，从拓展业务向资产经营管理提升，成为国家开发银行同业合作的主要业务渠道。银团贷款对支持国民经济发展战略，满足中长期融资需求，分散贷款风险和优化资产结构，发挥了极其重要的作用。

二、国家开发银行银团贷款主要业绩

目前国家开发银行银团贷款取得了"规模居首、产品领先、质量优良、引领市场"的骄人业绩。

第五章 国家开发银行银团贷款业务发展状况

(一) 银团贷款余额屡创新高,位居国内首位

据中国银行业协会统计,近5年国家开发银行银团贷款余额一直居于会员行之首。截至2013年9月末,国家开发银行直接银团贷款表内外余额再创新高,达25 287亿元,其中表内余额12 743亿元,表外余额12 543亿元(见图5-1)。国家开发银行牵头组建了长江三峡水利枢纽、南水北调、广东阳江核电、上海迪斯尼、天津公共租赁住房、新疆大额矿权融资等为代表的一大批建设意义重大、经济社会效益显著、影响深远的重大项目,充分体现了国家开发银行服务国家战略、搭建市场与政府桥梁的不可替代的作用。

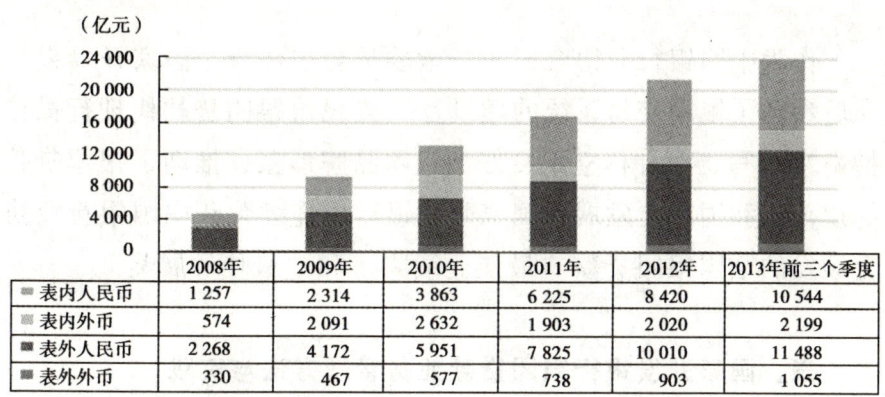

图 5-1 国家开发银行历年银团贷款余额情况

(二) 银团模式不断创新,业务产品线条丰富

国家开发银行银团贷款业务产品条线丰富,现有直接银团、新型组合银团、分组银团、附带转让安排贷款模式、总分银团等众多产品线条,处于国内领先地位。同时,国家开发银行打破一级市场和二级市场局限,对已承诺未签合同、已签合同、部分发放和全部发放的贷款都能按新签银团、双边转银团、银团重组等

不同方式组建银团，银团操作方式灵活多样。

（三）严格风险防范，管理资产质量优良

国家开发银行建立了严格完善的受托管理资产风险防范机制，包括表外受托管理资产质量动态分类、代理回收本息逐日监控、合同执行率管理制度等。上述制度的执行逐步推动了银团贷款信贷管理专业化、规范化发展，国家开发银行银团贷款本息回收率多年维持在99.99%以上，银团贷款资产不良率多年保持0.01%以下的优良业绩。

（四）积极参与银团贷款市场建设，树立了优秀的银团品牌形象

作为中国银行业协会银团贷款委员会主任行，国家开发银行先后参与了银团交易系统的建设及《人民币银团贷款代理行操作指南》编写，对外树立了良好的银团品牌形象，推动了银团贷款的规范化和国际化发展。国家开发银行也连续荣获中国银行业协会颁发的全国银团贷款"最佳业绩奖"和"最佳发展奖"。

三、国家开发银行银团贷款业务管理方法与实践

经过近20年的实践和积累，国家开发银行逐渐探索出一套行之有效的银团贷款管理工作机制。国家开发银行银团贷款坚持"表内外协同管理"理念，不断深化同业合作，规范制度建设，开拓模式创新，强化风险防范，实施重大项目名单制管理，这是其取得并巩固市场领头羊地位的宝贵经验。

（一）坚持银团表内外协同，科学管理

银团贷款表内份额和表外份额是一个有机衔接的统一整体，

如果将其分隔管理，会影响银团贷款信贷管理的效果。近年来，国家开发银行内部开始施行信贷资产全过程管理理念，"银团贷款表内外协同管理"的管理理念也被提出。一是以全过程的信息系统为载体，首次实现了银团贷款表内、表外信贷资产从审批、开立到发放、回收，从质量分类到监控的全过程、统一化管理。二是加强银团贷款合同执行率管理。对于国家开发银行参团的银团贷款，要求切实发挥委托代理责任，不断加强合同执行率管理力度，落实同业资金支持项目建设，避免项目建成风险及法律风险。这项工作开展以后，国家开发银行银团贷款合同执行率得到了稳步提升，有力地支持了项目建设，满足了客户大额融资需求。三是点、线、面结合强化风险预警管理，防止新增不良资产，提高银团表内、外信贷资产风险防范能力，树立优质银团品牌形象。先进的管理理念、规范的管理手段、专业的管理团队，使国家开发银行牵头或代理的银团管理水平获得银行同业高度认可。

（二）深化同业合作，资金引领

一是搭建"总对总"信贷管理合作机制。目前与金融机构的日常合作已经实现全覆盖，通过签订信贷业务合作协议，以银团贷款带动全面业务合作。二是以同业座谈会、项目对接会为平台，将合作范围拓展至共同项目管理，信贷管理经验交流，市场建设研讨、风险管控信息共享。三是根据不同银行的发展战略与市场定位，采取差异化的合作策略，拓宽银团贷款合作领域，实现互惠共赢。有关资料见图5-2。

（三）细化制度建设，强基固本

国家开发银行制定了覆盖银团贷款前期筹组和贷后管理各个环节的管理制度，也出台了单一业务品种的专项指导意见；同

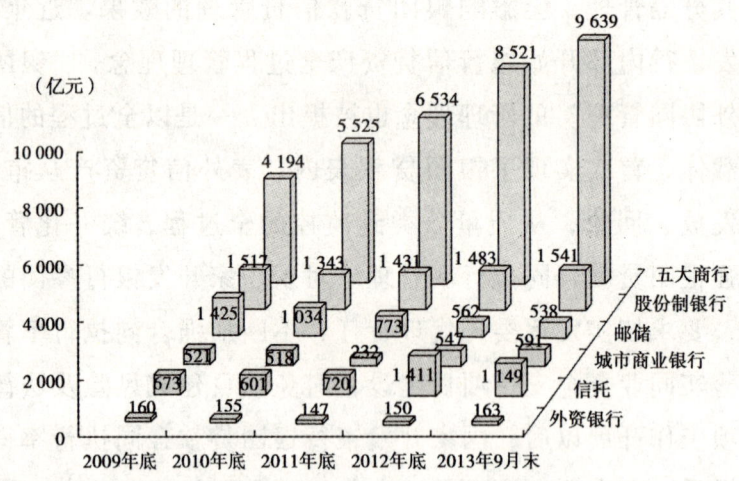

图 5-2　国家开发银行银团贷款的主要合作对象情况

时,针对内外部环境变化,分年度发布指导全行当年业务开展的实施意见,保障了银团贷款业务快速发展。

(四) 丰富银团操作模式,开拓创新

国家开发银行以银团贷款信贷管理为切入点,以解决业务发展及后期管理现实问题为出发点,不断创新银团模式,在实践中根据项目的实际特点,设计"总+分"形式的银团组建模式,破解了一次性组建大额银团的难题。目前,国家开发银行操作的银团贷款产品主要有四种:一般银团、新型组合银团、分组银团、附带转让安排贷款模式。

● 一般银团,由国家开发银行牵头或参加,联合其他金融机构,采用同一贷款协议,按相同的条件向同一借款人提供人民币和外币贷款。一般银团为最常见、最标准的银团模式。国家开发银行信贷资产具有以中长期贷款为主、长期大额风险集中的特点,具有调整资产结构、提高资产流动性、分散贷款风险、避免同业恶性竞争、维护客我关系的积极意义和作用。

- 新型组合银团,指由两个以上独立银团组成,各独立的银团贷款条件相同,并通过银团总协议约定银团成员权利与义务的银团贷款操作模式。新型组合银团的结构为多个银团,满足了同一项目下不同参加行对贷款期限的不同要求。

- 分组银团,指国家开发银行与1家或1家以上银行通过贷款分组,在同一银团贷款合同中向客户提供不同期限贷款的银团贷款操作模式。该模式中,银团成员通过贷款分组,在同一银团贷款合同中向客户提供不同的贷款期限,在一定程度上有利于解决国家开发银行与商业银行贷款由于贷款期限差异带来的银团组建问题。

- 附带转让安排贷款模式,指国家开发银行在一级市场作为唯一贷款人(以安排行和代理行身份)与客户签订银团合同,在二级市场将贷款(承诺额)转让给其他银行的银团贷款操作模式。国家开发银行作为一级市场唯一贷款人,在贷款组织中具有突出的主导作用。受让行不参与《银团贷款合同》谈判,能够提高谈判效率,降低谈判成本,丰富了余额调控的技术手段。

(五)实施重大项目管理,统筹资源

国家开发银行按照"分类管理、动态调整"的重大银团项目管理原则,总行分行联动,采用"点对点"跟踪方式,协调引导社会资金,推动落实贷款条件,统筹调配资源,加大力度推进,组织有重大影响力的银团项目签字仪式,不断巩固主力行市场地位,有效提高了银团信贷管理工作的超前性、主动性、统筹性,实现银团项目过程化、动态化、差别化管理。

第二节 国家开发银行银团贷款项目操作案例

一、南水北调东中线主体工程项目案例

（一）项目概况

南水北调工程是缓解我国北方地区水资源严重短缺并对水资源进行优化配置的重大战略性基础设施，是党中央、国务院决策建设的跨世纪的特大型重点建设项目。南水北调工程的兴建，以解决沿线100多个城市生活和工业用水为目标，兼顾农业及其他用水，建成以后的经济效益和社会效益巨大。南水北调工程分为东线、中线、西线三条调水线路，与长江、黄河、淮河、海河四大江河连接，形成水资源"四横三纵"的总体布局。三条调水线路的多年平均调水规模分别为：东线148亿立方米，中线130亿立方米，西线170亿立方米。全部完成东、中、西三条调水线路，主体工程静态投资约需5 000亿元，年调水总规模448亿立方米。由于工程规模巨大，三条线路均需分期实施。近期实施的是东线一期和中线一期工程，工程的供水目标是以城市供水为主，兼顾农业和生态用水。

根据南水北调东中线主体工程的特点，分别设立了南水北调中线干线工程建设管理局、南水北调中线水源有限责任公司、南水北调东线山东干线有限责任公司和南水北调东线江苏水源有限责任公司。四个项目法人分别承担中线干线、中线水源、东线干线和东线水源工程的建设管理工作，四家公司注册地分别是北京、湖北、山东和江苏。

(二) 案例背景

水利工程作为基础设施项目，带有明显的公益性特点，特别是大中型骨干水利工程，往往是多目标开发，即使是经营性为主的水利工程，也大都兼有防洪、生态等公益性任务。南水北调工程作为我国最大的跨流域配置水资源的特大型基础设施项目，投资规模大，建设周期长。同时，南水北调工程多样、管理开放、区域差异等特点导致融资方案设计难度极大。南水北调东中线一期工程包含单位工程2 700余个，在项目建设的管理上，既要体现项目法人的责任主体地位和作用，又要建立多层次分级负责管理的体系；既要充分调动项目法人的积极性，又要充分调动工程项目涉及地区的积极性。除主体工程建设以外，还有征地移民、生态与环境保护、水污染治理、文物保护、节水、地下水控采、产业结构调整等，涉及众多地区、众多部门的职责和利益关系需要调整。此外，东中线一期工程涉及七省市，城乡差别大，经济发展不均衡，这些因素都给银团组建带来极大困难（见图5-3）。

图5-3 南水北调中线京石渠道

（三）操作过程

1. 工程前期积极介入，发挥银团融资主导作用

与一般的银团组建程序不同，南水北调工程融资是先有银团，后有法人。国家开发银行在工程前期规划阶段就积极介入，同时出具贷款意向函，充分体现了国家开发银行作为国家中长期项目主力融资银行对国家重大基础设施建设的一贯支持，发挥在国家大型基础设施建设中积累的政策、资金、经验优势及主导作用。

2. 合理设计融资方案，保证工程进度

国家开发银行牵头的银团从大局出发在贷款条件上给予优惠，按建设进度对资金需求分期提供，贷款利率在国家规定基准利率基础上给予优惠，工程前期需要的临时性贷款由银团按需提供，以保证工程顺利进行。

3. 针对项目特点设计小组谈判方案，实现共赢

根据南水北调东中线主体工程分别对应四个项目法人的特点，由国家开发银行牵头组成南水北调工程银团贷款工作小组与南水北调工程中线干线工程建设管理局牵头成立的南水北调工程项目法人融资工作小组开展银团贷款协议谈判，降低了谈判成本，避免了双边谈判的恶性竞争，实现了对项目贷款的有效管理与风险控制，保证了银团的利益，实现了银团和借款人的共赢。

4. 充分发挥总分行联动优势，积极落实建设资金

国家开发银行总行企业局作为总行牵头部门，联合湖北、山东、江苏分行分别牵头组织中线干线、中线水源、东线干线、东线水源项目银团，积极协调银团成员行落实资金，有效保证了工程建设的顺利实施，同时也有效搭建了后期信贷管理平台。

（四）银团模式

2004年6月，国家开发银行组织中国银行、中国农业银行、中国工商银行、中国建设银行、上海浦东发展银行、中信银行等各成员行首先签署《南水北调主体工程（东、中线一期工程）项目银团贷款银行间框架性合作协议》，初步明确项目银团安排及各成员行权利义务（见图5-4）。2005年3月，在前期框架性合作协议的基础上，国家开发银行组织各成员行签署《南水北调主体工程银团贷款银行间合作协议》，明确了银团下四个贷款项目，即中线一期（干线）主体工程项目、中线一期（水源）主体工程项目、东线一期（干线）主体工程项目、东线一期（水源）主体工程项目的融资安排及相应银团牵头行、代理行及参加行权责义务（见图5-5）。

图5-4 南水北调签约仪式现场

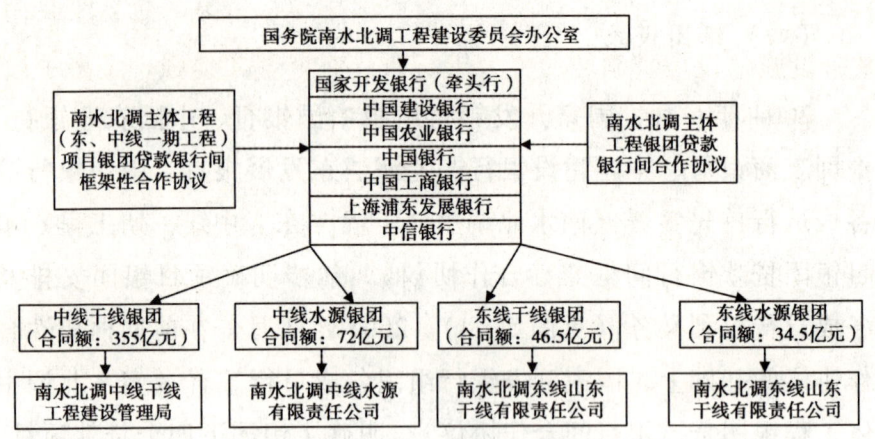

图 5-5 南水北调银团项目银团模式

(五) 案例点评

1. 以开发性金融理念引领同业，鼎力支持国家重大基础设施项目建设

南水北调工程是继长江三峡工程之后又一大型水利基础设施工程，是我国最大的跨流域配置水资源的特大型基础设施项目。南水北调银团贷款的成功实施，充分体现了开发性金融合作机制的鲜明特征，通过与政府职能部门共同建立开发性金融合作机制，并通过银团贷款形式有效运用于同业范围，以政府信用为依托、市场规则为基准，实现各方长期稳定的优势互补和共同发展。

2. 组建中国银行界首家对单个建设项目提供融资金额最大的银团

南水北调东中线主体工程银团贷款总额 488 亿元，开创了当时中国银行界之最。其中，国家开发银行承诺提供 213 亿元信贷资金支持，中国建设银行提供 85 亿元的贷款，中国银行、中国农业银行、中国工商银行各提供 60 亿元贷款，上海浦东发展银行和中信银行各提供5亿元的贷款。银团成员行基本囊括了我国基础设施建设信贷领域的主力银行,具有资金实力强、金融手段全、服务网点多等特点。银团贷款合同的签订为工程顺利实施、如期实现工程目标奠定了坚实的基础。

3. 该模式适合操作于规模较大、项目情况较为复杂、跨区域跨领域进行但同时又具备一定系统性的项目,可使项目建设得到长期、稳定、全面的资金支持和金融服务;同时,保证资金的使用效率和银团成员行的共同利益。

二、云南威信扎西煤电一体化项目2台600兆瓦机组工程建设项目案例

(一)项目概况

借款人威信云投粤电扎西能源有限公司成立于2005年9月,股东为云南省电力投资有限公司(持股50%)、广东电力发展股份有限公司(持股40%)、云南省煤田地质局(持股10%),主要负责威信煤电一体化项目的建设、运营和管理。云南威信煤电一体化项目,是云南与广东两省在2005年"9+2"泛珠经济合作会议签订的最大合作项目,属云南省"双百重点工程"之一。项目规划建设装机容量为4×600MW的火电机组和年产量500万吨的配套煤矿,拟分两期建设,总投资约125亿元(见图5-6)。

(二)案例背景

云南威信煤电一体化项目,是云南与广东两省在2005年"9+2"泛珠经济合作会议上启动的重大项目,政府高度关注。因客户股东实力强,煤电一体化项目优质,加之项目启动时间早,

图 5-6 云南威信煤电一体化项目夜景

除国家开发银行外还有中国银行、中国农业银行、中国工商银行、招商银行和兴业银行等介入，市场竞争非常激烈。国家开发银行应客户申请组建银团时，其他商业银行有参与意愿，但 2011 年恰逢国家宏观调控，银行信贷紧缩，加剧了银团组建的难度。此外，项目落地云南省，与项目关系密切的借款人第二大股东广东电力发展股份有限公司注册地为广东省。

（三）操作过程

1. 团结协作，共同推动项目开发

鉴于本项目与云南省、广东省均有密切关系，国家开发银行云南分行、广东分行协同合作，组建内部银团，以应对激烈的竞争，推动项目开发。借款人最终同意委托国家开发银行作为牵头行负责组建银团。

2. 兼顾客户存量贷款合作银行，积极组建外部银团

因中国银行、中国农业银行、中国工商银行、招商银行和兴业银行等银行前期给予借款人短期贷款用于项目建设，邀请这些

银行参与银团既有利于分散项目贷款风险，又有助于客户维护银企关系。在宏观调控趋紧、信贷规模压缩的大背景下，国家开发银行成功牵头与招商银行组建了 8.37 亿元的银团贷款，降低了贷款风险。

（四）银团模式

本项目采取"内部银团+外部银团"的模式。鉴于威信煤电一体化项目建设内容涵盖煤炭、电力两个行业，贷款资金涉及新增中长期贷款和存量贷款融资再安排，组建内部银团有助于发挥内部各家分行的协同优势，促进项目开发，加强信贷管理。组建外部银团有助于分散贷款风险，有助于借款人维护存量贷款合作银行的银企关系，也有助于提高银团组建的可实现性和效率。

（五）案例点评

1. 支持两省战略重点项目，提升合作关系

通过组建银团支持威信煤电一体化项目建设，体现银团贷款支持重大基础产业的合作理念，强化借款人股东方广东电力发展股份有限公司与银团成员的合作意愿，强化借款人最终控制方云南省能源投资有限公司与银团成员的合作关系，为后续重大项目的开发奠定基础。

2. 创新"内部银团+外部银团"模式，强化信贷管理，提高银团筹组效率

威信煤电一体化项目建设规模大，结构复杂，采用"内部银团+外部银团"模式，既有助于强化信贷管理，降低贷款风险，也为后续项目组团奠定了良好基础。该模式适合项目、借款人（或股东）分散异地的重大投资建设项目。

三、沈阳市 2012 年土地储备贷款项目案例

(一) 项目概况

沈阳市 2012 年土地储备贷款项目是沈阳市政府紧抓沈阳经济区建设上升为国家战略、筹办十二届全运会等重大战略机遇，是建设沈阳经济核心区、实现沈阳建设成为国家中心城市的重要举措。本项目收储沈阳市"金廊沿线"及一、二、三环沿线 677.04 公顷土地，共计 64 宗土地（见图 5-7）。项目得到了沈阳市政府的积极支持和推动，受到了辽宁省政府的高度关注。

图 5-7 "金廊"土地储备整理和城市基础设施建设效果图

(二) 案例背景

近两年来，由于沈阳市房屋拆迁成本高企，房屋收购难度加大，被收购房屋所有权人的要求较高，土地收储又涉及社会维稳问题，沈阳市土地储备中心资金压力较大，每年的融资需求在100亿元左右，资金需求急迫。受融资平台相关政策的限制，各商业银行对于土地储备行业的新增贷款额度锐减，并且新增的额度主要用于一线城市。沈阳市作为二线城市，土地储备中心贷款融资受到很大影响。商业银行不但资金供给规模小，并且资金供给不可预期因素多，发放贷款不能按时到位。同时，各家商业银行在与沈阳市土地储备中心合作过程中，储备地块落地难、承诺转化率低的问题始终是该类项目融资的主要障碍。任何一家银行的规模都难以全部满足沈阳市土地储备中心融资需求。因此，必须积极组建银团贷款，发挥信贷资金的集聚作用，支持该项目建设。

(三) 操作过程

1. 立足实际，创新设计信贷模式，提高商业银行积极性

各家银行在与沈阳市土地储备中心合作过程中，储备地块落地难、承诺转化率低的问题始终是该类项目融资的主要障碍。国家开发银行不断开拓思路，创新设计了沈阳土地储备贷款项目模式，即："优先储备地块与备选地块相结合、建立地块储备动态选择机制"。该模式的建立增大了项目地块选择空间，提升了承诺转化率，提高了商业银行参与的积极性，数十家商业银行均表示了浓厚的合作兴趣。

2. 灵活设置银团成员角色，提高银团组建成功率

本项目利益主体众多，利益诉求复杂。项目资金由市政府委托区政府支付,同一个合同可能涉及三四个区,支付过程复杂,协调难度较大。商业银行大多介入该类项目较晚,支付经验欠缺。为解决上述问题,一方面灵活设置成员行角色,打破总行框架文本中对于"牵头行""代理行"的界定,建立长效合作机制;另一方面,国家开发银行作为牵头行督促相关方签署《资金结算监管协议》,明确支付流程、支付依据,确保贷款资金支付合规,实现了多赢。

3. 密切跟踪,积极落实银行规模,提高合同执行率

考虑到银行资金供给可能出现变化的情况,国家开发银行作为牵头行密切跟踪多家有合作意愿的商业银行,关注其审批情况以及规模额度,一旦银行规模确定,相关方立即选择合适地块,"就盘子下菜",签订合同,力争实现当月全部发放。

4. 加强监管,确保贷款资金支付到位,提高客户满意度

贷后管理过程中,为杜绝银行扣留资金、拒绝支付、支付不合规等常见问题,银团成员对支付网点进行检查,翻阅对账单、台账明细、拆迁补偿协议等相关要件,发现问题及时整改,起到了很好的监管作用,确保资金能够及时、足额发放到位,保证项目顺利实施,得到了客户的肯定。

(四)银团模式

国家开发银行立足实际,针对以往的项目融资障碍,创新设计开发评审模式,灵活设置银团角色,采用了符合项目实际的"分+分"合同形式,按照项目建设进度匹配商业银行规模,逐一签订分合同。

2012年9月至今,国家开发银行分别联手华夏银行沈阳分行、光大银行沈阳北站支行以及中信银行沈阳分行,共签订分合同7笔,合同金额56.47亿元,发放53.335亿元。银团金额之

大、发放效率之高，在沈阳市尚属首例（见图5-8）。

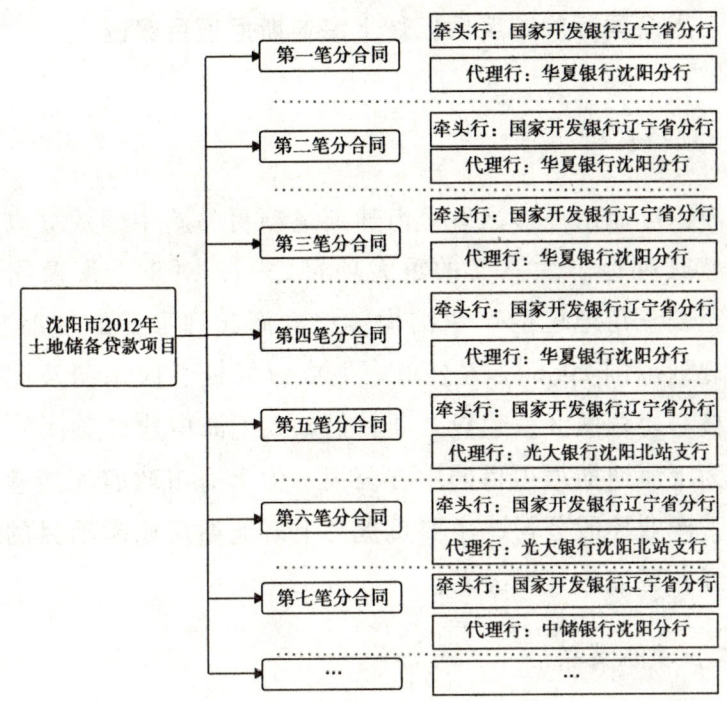

图5-8 沈阳市土地储备贷款项目模式图

（五）案例点评

本项目的案例采用的是"分+分"的银团模式。该模式能够控制银团合同组件的节奏和金额，有效提高新签合同和首笔提款计划执行率。该模式适合操作于建设时间先后有序、建设内容可以明确区分且各自独立的项目，例如：保障性安居工程、土地储备项目等，可按照分片开发进度、工程分期情况、土地审批进度等分次签订银团合同。

四、上海国际旅游度假区暨上海迪斯尼项目案例

（一）项目概况

上海国际旅游度假区暨上海迪斯尼项目是新中国成立以来在文化领域具有标志性意义的重大项目之一，对于上海及周边地区，乃至长三角地区的产业结构转型方面起到重要的带动效应。该项目规划范围20.6平方公里，主要包括核心区乐园及配套建设以及核心协调区开发建设。项目借款人上海申迪（集团）有限公司作为上海迪斯尼项目的中方公司，为上海市政府直接领导的市级市管产业控股公司，主要负责对上海迪斯尼乐园项目的建设和周边经营区域的开发经营。

（二）案例背景

上海迪斯尼项目承载了国家战略，受到党中央、国务院高度重视，并得到国家各部委的大力支持，是新中国成立以来对外谈判历史最长、规模最大和最受瞩目的文化产业项目。一方面，由于本项目投资金额大，具有极高的国家战略意义，参与银团成员多达12家，包括3家总牵头行、5家联合牵头行，以及4家参与行，需协调成员方较多；银团组建时间紧、任务重、参与方众多，银团组建的挑战性较大。另一方面，上海迪斯尼项目投资金额大、期限长、子项目多，受投入和产出在时间上不平衡、资本金阶段性不平衡等因素影响，具有挑战性、复杂性和特殊性三个鲜明特点，项目银团融资方案设计难度大。

（三）操作过程

1. 积极协调，协同一致，完善银团机制

由于本项目参与银团成员多，需协调成员方较多，银团组建时间紧、任务重，银团组建的挑战性较大。在银团组建过程中，国家开发银行作为牵头行积极协调12家参与行，树立大局观念，梳理各方利益诉求，按照项目实际特点创新设计了协调行、助理代理行等多种角色，力求协同一致、形成合力，完善银团内部的权力、责任和利益机制，为申迪集团的长期发展提供优质、高效的金融服务。

2. 反复推敲，仔细测算，创新设计银团组建模式

上海迪斯尼项目银团融资方案设计难度大，国家开发银行作为主牵头行积极牵头，会同业主方成立专门的银团工作组，在上海市发改委、上海银监局的指导和支持下，开展融资方案编制工作，反复推敲，仔细测算，基本确定融资方案。针对项目子项目较多且资本金阶段性不平衡等特点，国家开发银行立足项目实际，设计了"总+分"银团模式，切实推动了项目进展。

3. 银团成员联动，多次会谈，协调落实贷款条件

为落实迪斯尼项目合同签订条件，国家开发银行作为银团牵头行多次与上海市发改委、申迪集团会谈，共同协调解决落实银团合同签订条件，保证了项目及时签订银团合同（见图5-9）。上海市发改委表示，迪斯尼项目是经过政治局讨论通过的中美合作重大项目，对于上海"十二五"期间转型发展意义重大，市政府将给予全力支持和推动。银团成员互相配合，共同推进银团的组建。

（四）银团模式

本项目采取"总协议+分合同"的银团模式，成功组建银团（见图5-10）。2011年5月，各成员行签订《上海国际旅游度假区暨上海迪斯尼项目银团贷款框架协议》，初步明确项目银团安排及各成员行权利义务。2012年2月，为了确保整体项目的融资安排，同时进一步明确一期和二期项目银团各成员行之间的权责

图5-9 迪斯尼银团项目框架协议签约仪式现场

义务,各成员行在框架协议的基础上签订补充协议。同月,在总框架协议及补充协议基础上,根据项目的建设进度,本项目签订第一笔银团贷款总合同,合同金额129.15亿元。2012年2月至12月期间,在第一笔银团贷款总合同的基础下,该项目共签订3笔分合同,合同金额30.19亿元。

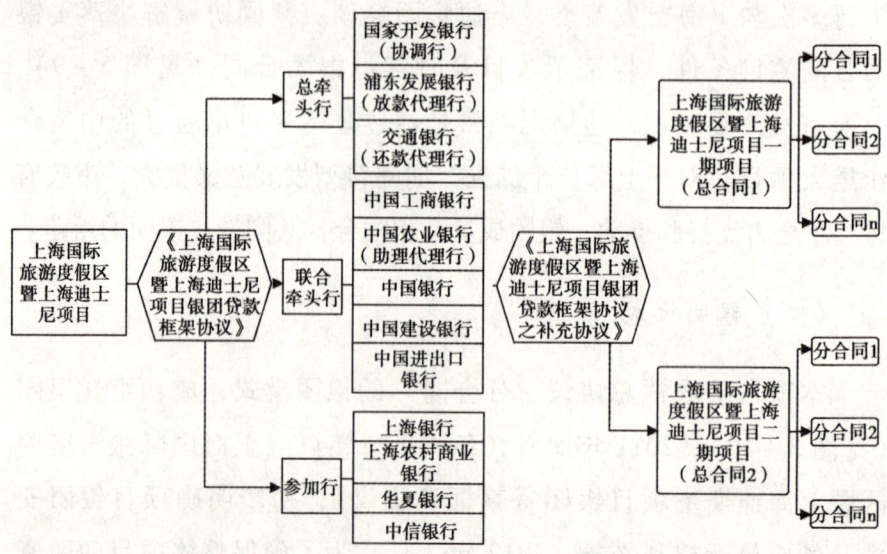

图5-10 上海国际旅游度假区暨上海迪士尼项目模式图

(五) 案例点评

本项目作为新中国成立以来在文化领域具有标志性意义的重大项目之一，市场竞争激烈。以往经常出现的情况是，银行机构为争夺优质客户变相降低准入门槛，引发同业之间的恶性竞争，不能覆盖风险并获得应有的风险溢价；同时，贷款容易过度集中，难以保证项目资金后续投放能力，增大项目建成风险。本案例中，银团采取"总协议+分合同"模式，通过梳理众多银团成员复杂的利益诉求，先期签订银行间协议，完善银团内部的权力、责任和利益机制，避免同业之间恶性竞争，以便短时间内迅速形成合力，集聚大量金融资源，起到"集中力量办大事"的作用，发挥银团贷款促进经济发展的独特优势。

SYNDICATION LOAN

― 第六章 ―

国家开发银行银团贷款业务难题分析及对策建议

第六章
国家开发银行银团贷款业务难题分析及对策建议

第一节　国家开发银行银团贷款业务面临的难题

国家开发银行银团贷款业务面临的难题主要体现在两个方面：一是国家开发银行与其他商业银行在战略定位上的差异所带来的合作困境；二是政策和市场环境对银团贷款业务的影响。

一、定位差异带来的合作困境

作为开发性金融机构，国家开发银行服务国家战略的定位与商业银行追求股东利益最大化的定位不同，使得两者不可避免地在经营目标上存在差异，这些差异增加了国家开发银行与其他商业银行在银团筹组方面达成共识的难度。

（一）贷款投向差异

国家开发银行的贷款投向体现了配合国家宏观调控扶持"两

基一支"（即基础设施、基础产业和支柱产业）产业的方针政策，与商业银行的投向差异体具体现在以下几个方面：

1. 行业投向

国家开发银行的主要职能是贯彻国家产业政策及地区经济发展政策，对国家基础设施、基础产业和支柱产业中的大中型项目及其配套工程提供融资服务。这就决定了国家开发银行贷款业务的战略重点要集中在基础设施重点行业。多年的实践数据表明，公路、公共基础设施以及电力行业为国家开发银行银团贷款的主要支持对象，这充分体现了国家开发银行服务国家战略的政策导向及"两基一支"的战略定位。

相比而言，国内商业银行出于盈利性、流动性和安全性的要求，其贷款大多集中在制造业、交通运输业、商业及房地产业这几个行业，尤其是投向制造业的贷款份额更是稳居各大商业银行公司类贷款的榜首。虽然商业银行在电力、交通等方面与国家开发银行的贷款投向有重叠，但是商业银行的贷款对象多是那些利润较高、风险较低的优质项目，而对于风险高利润并不确定的项目，商业银行参与较少。商业银行与国家开发银行在贷款行业选择上的差异增加了银团贷款筹组的难度。

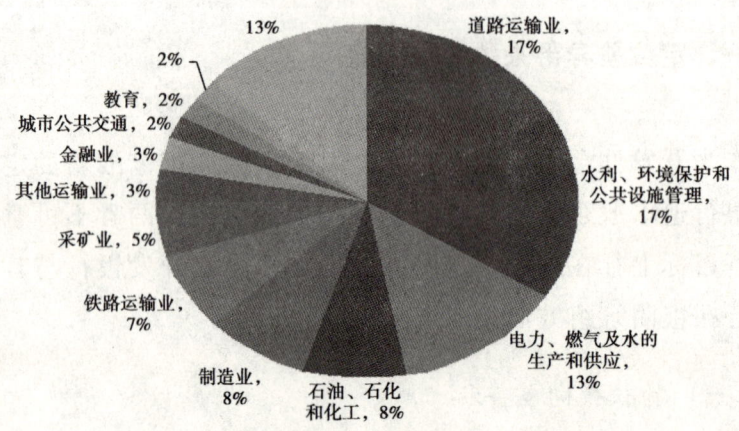

图 6-1 2012 年开发银行贷款行业分布

表6-1　　2012年五大商业银行贷款行业分布　　（单位:%）

	中国工商银行	中国农业银行	中国银行	中国建设银行	交通银行
制造业	15.8	29.4	23.0	17.6	19.8
交通运输、仓储和邮政业	12.9	11.1	10.1	11.8	12.4
批发和零售业	8.0	11.0	—	5.2	13.2
电力、燃气及水的生产和供应业	6.6	10.2	6.1	8.2	4.5
房地产业	5.5	10.1	6.7	6.4	6.1
水利、环境和公共设施管理业	5.3	4.3	3.5	3.2	4.7
租赁和商业服务业	4.4	6.2	—	5.4	—
采矿业	2.7	4.1	4.7	2.8	2.5
建筑业	1.7	4.4	1.7	3.0	3.2
住宿和餐饮业	1.2	—	—	—	0.8
科教文卫	1.0	—	—	0.9	1.3
信息传输、软件和信息技术服务业	—	0.4	—	0.5	0.3
金融业	—	—	1.6	—	0.9
公共事业	—	—	1.1	—	—
商业及服务业	—	—	13.9	—	6.3
其他	1.5	8.8	0.5	4.9	1.7

注:"—"表示年报中未披露相关数据。

数据来源:各家银行2012年年度报告。

2. 客户投向

出于对风险防控的考虑,目前中国银监会对地方政府融资平台的政策指导为"严格监控、严格标准控制新增贷款"[①],使商业银行对于地方政府融资平台投资的整体态度趋于谨慎。但是,对于以"两基一支"为战略定位的国家开发银行,融资平台仍是其重要的贷款对象,在商业银行逐步压缩对地方政府融资平台的融资支持的情况下,国家开发银行筹组银团的空间缩小,尤其体现在城市基础设施建设项目上。

---

① 中国银行业监督管理委员会《关于加强2012年地方政府融资平台贷款风险监管的指导意见》(银监发[2012]12号)。

3. 地区投向

国家开发银行不仅服务于国家经济结构战略性调整，在贷款的产业结构上充分支持"两基一支"等重点领域，且按照国家统筹区域协调发展的要求，在贷款的地区投向上照顾东北老工业基地以及发展滞后、资金缺乏的中西部地区，贷款的地区分布较为均衡合理，没有出现地区性的不平衡现象（见图6-2）。

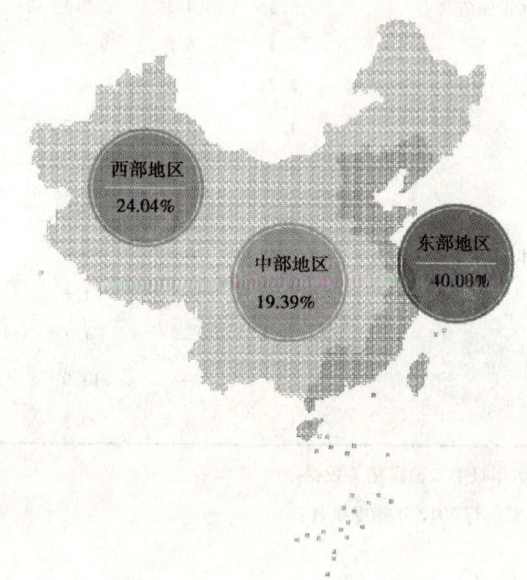

图6-2 2012年国家开发银行贷款余额地区分布图

注：中国大陆以外地区贷款余额占比为16.49%。

数据来源：国家开发银行2012年年度报告。

而商业银行的贷款多集中于经济发达地区，从表6-2、表6-3中我们可以发现，中国建设银行和中国工商银行2012年的贷款总额中近60%是投向长江三角洲、环渤海及珠江三角洲地区，西部的贷款投放比例明显小于国家开发银行。

表 6-2　　　2012 年中国工商银行贷款余额的地区分布　　　　（单位:%）

	2012	2011	2010	2009	2008
长江三角洲	22.00	22.40	23.30	24.20	24.90
环渤海地区	17.70	18.10	18.50	18.80	18.30
西部地区	17.30	16.80	16.80	16.60	16.00
中部地区	13.50	13.50	13.60	13.60	13.30
珠江三角洲	14.10	14.00	14.40	14.80	14.60
东北地区	5.80	5.90	6.00	6.10	6.20
总行	3.60	3.20	2.40	1.80	2.70
海外及其他	6.00	6.10	5.00	4.10	4.00

数据来源：中国工商银行 2012 年年报。

表 6-3　　　2012 年中国建设银行贷款余额的地区分布　　　　（单位:%）

	2012	2011	2010	2009	2008
长江三角洲	22.00	22.72	23.31	23.58	24.30
环渤海地区	17.33	17.51	15.14	15.12	14.36
西部地区	16.91	17.06	17.79	17.84	18.23
中部地区	15.92	16.19	16.27	16.24	16.01
珠江三角洲	14.53	14.71	17.00	17.00	16.76
东北地区	6.14	6.25	6.18	6.21	6.15
总行	2.50	1.63	1.12	0.86	1.03
海外及其他	4.43	3.93	3.19	3.15	3.16

数据来源：中国建设银行 2012 年年报。

（二）贷款期限差异

我国正处在城市化、工业化加速发展的时期，基础建设的任务远没有完成，区域、城乡经济社会统筹发展的要求迫切，急需长期融资的支持，而国家开发银行开发性金融机构的定位便决定了其贷款具有期限长的特点。作为中长期批发银行，国家开发银行 90% 以上的信贷资产都是中长期资产（见图 6-3），无论从存量结构还是增量结构来看，其信贷资产的期限往往在 10 年以上，甚至20年、30年。商业银行对资金有流动性与安全性的要求，偏好于中短期贷款而非不确定性很大的长期贷款。从五大行的贷款期限结构我们就可以看出，国家开发银行与商业银行之间的贷款期限偏好存在着明显的差异（见表6-4）。商业银行信贷资产期限结构中，5年期以上的贷款占比特别小，普遍都在2%以下。也就是说，商业银行倾向于"短、快"的信贷资产。由于银团贷款要求贷款条件的一致性，直接形成了银团贷款组建过程中期限难以一致的困境，造成国家开发银行与商业银行银团合作的不便。

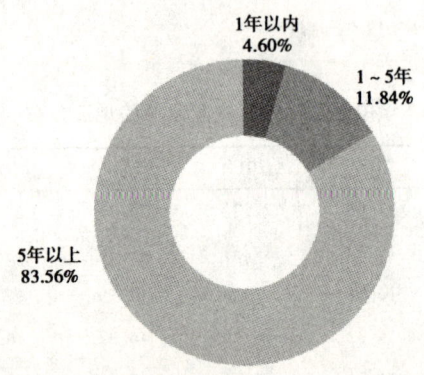

图6-3　2012年国家开发银行贷款余额期限结构

数据来源：国家开发银行2012年年报。

表6-4		2012年五大商业银行贷款余额期限结构		（单位：%）	
	中国建设银行	中国工商银行	中国交通银行	中国银行	中国农业银行
3个月以内	52.65	59.00	61.04	49.78	55.82
3个月到1年	45.78	39.36	36.80	48.91	43.39
1年到5年	0.63	0.26	1.62	0.81	0.38
5年以上	0.94	1.38	0.54	0.50	0.42

数据来源：各家银行2012年年度报告。

（三）收益率要求差异

国家开发银行定位于服务国家战略，追求整体业务的财务可平衡性和机构的可持续发展，不以利润最大化为经营目标，仅仅强调合理盈利。商业银行对盈利性的要求远远高于国家开发银行，其贷款平均执行利率高于国家开发银行的贷款执行利率。

国家开发银行在支持项目建设中，经常采用的是人民银行规定的基准利率，对于部分"我求人"及重大客户，往往在基准利率的程度上有着不同幅度的下浮。随着我国利率市场化的不断推进，中央银行也不断放开存贷款利率的浮动空间。商业银行出于股东回报最大化的要求，必然要上浮利率来保证自己的利润率。特别是针对风险大的项目或是在信贷规模趋紧的情况下，对一般企业贷款利率通常在基准利率基础上上浮10%~15%，对中小企业贷款利率在基准利率基础上浮30%左右。收益回报要求的差异也在一定程度上影响了国家开发银行与商业银行在银团筹组方面的合作。

二、政策和市场环境对银团贷款业务的影响

（一）宏观经济政策的影响

宏观经济政策随着经济形势不断调整，银团贷款作为多家银行贷款的组合，宏观政策的紧缩和扩张对银团贷款的影响大于对一般贷款的影响。具体而言，在整体信贷规模约束的政策环境下，信贷市场存在着大量未得到资金满足的借款者，银行借助银团贷款获得市场的驱动不大，从而加大了银团筹组的难度或已组银团贷款合同履约的不确定性；在宽松的货币政策带来流动性供大于求的局面下，银行资金充裕，倾向于使用自有资金满足借款者融资需求，保证市场占有率，也缺乏筹组或参与银团的积极性。转变各家银行对银团贷款的观念、加强同业合作、减少同质

竞争是促使银团贷款业务平稳发展的关键。

（二）监管政策的影响

2012年，中国银监会下发《中国银监会进一步规范信贷资产转让业务的通知》（银监发〔2010〕102号）（简称"银监会102号文"）明确规定，"银行业金融机构转让信贷资产应当遵守整体性原则"。在整体性原则的要求下，在国外银团贷款市场占主流地位的间接银团贷款（牵头行先向借款者放款，后转让部分份额给参与行）在我国受到限制。同时，银团贷款成员失去了"转让部分银团贷款份额增强流动性、同时保留剩余份额盈利性"这一资产管理工具，为获得少量的流动性需要损失更多的盈利，降低了银行参与银团贷款的积极性。

（三）银团贷款框架协议不够完善影响银团贷款筹组

银团成员谈判的过程中，协议文本条款往往是谈判的重点。目前银团贷款标准文本协议的不完善之处有：一是对银团贷款协议条文规定不全面，未将"争议解决方式""债务人放弃豁免条款"等对当事人利益重大且国际银团贷款协议通常包括的条款列举在内；二是在贷款出现违约风险的情形下，虽然对处理方式作出了规定，但该规定较为原则，仅指出应成立"银行债权委员会"，未明确该委员会的构成及决策机制等事项；三是对参与行放款出现违约情形下的惩罚措施未作出相应规定。

（四）配套市场和机构建设滞后的影响

银团贷款的发展需要相关配套市场和中介机构的建设，才能保证资金参与和退出的渠道顺畅，提高参与行加入银团贷款的积极性。

1. 缺乏机构投资者的参与

欧美市场银团参与主体比较广泛，包括商业银行、投资银行、保险基金等等。但目前中国银团贷款主要集中在大型商业银行。中国各类机构投资者的资产总额庞大，但由于无法具备贷款资格，直接参与银团贷款的机构投资者寥寥无几，使银团贷款缺少了一项重要的资金来源。

2. 缺乏中介机构的参与

银团贷款业务兼具关系型交易和市场型交易的特征。对牵头行来讲银团贷款关系型交易的成分较大，对一般参与行而言市场型交易的成分较大。一般参与行掌握的有关借款人的背景知识可能较少，也可能不具备理解借款人的状况及其发展变化的专业知识。借助评级公司、律师事务所等专业化中介机构的服务，潜在的参与行就可以更好地理解借款人和借款项目，有助于其作出是否加入银团贷款的决策。但目前，国内的银团贷款市场尚无专业化中介机构的参与。

3. 二级市场发展欠缺

银团贷款份额的转让对银团贷款业务的发展十分重要。在信贷资产转让受约束的监管环境下，真正意义的银团贷款二级市场尚未形成，进而影响一级市场的发展。如果银团贷款份额转让便捷，金融机构可以将临时的资金头寸投放到银团贷款市场，使银团贷款市场既可以吸纳长期资金又可以吸纳短期资金。银团贷款份额转让的便捷还可以成为委托代理问题的一种治理机制，通过贷款份额的转让及时衡量贷款质量。这种持续的检验可以推进牵头行（代理行）更好地做好银团贷款的设计和管理工作。

从实践中我们发现，银团贷款的转让主要通过证券化和银团贷款的二级交易来实现。自1996年首笔银团贷款衍生品抵押贷款债券（CLO）产生以来，目前已有抵押贷款债券、抵押债务债券、优惠利率基金等多种投资工具，证券化资产发展到上千亿美元。此外，由于银团贷款拥有债务优先权，银团贷款转让等二级市场交易也愈来愈活跃。尽管2006年我国《银团贷款合作备忘录》对银团贷款的转让进行了规定，但由于相关基础设施建设滞后，实际交易量很少。二级市场发展的落后，在很大程度上影响了银行参与银团贷款的积极性。

此外，金融衍生品市场等金融市场发展仍处于初期阶段，银团贷款市场的资金额度大、期限长、风险大，需借助包括衍生品市场在内的金融市场进行风险对冲、资金筹集等工作，这方面也有所约束。

（五）同业机构合同履约情况对银团贷款的影响

银团贷款合同签订后，参与行需要根据借款人提款计划和提款期安排履行付款义务。但是，在面临银行流动性趋紧、新增资产高收益驱使或监管政策调整的情况下，国内参与行往往不按照银团合同履约付款，且没有因未履约而受到任何惩罚。银团牵头行面临合作银行违约、不能按期支付借款人款项的困境和风险，进而降低了借款者选择银团融资的积极性。这点与国内银行业经营的信用环境有关。国际上，银团合同违约行为带来的不利影响堪比债务违约，相当于一种信用的缺失。国内尚未形成市场化的银团合同执行硬约束机制，契约理念在银行业中仍需进一步强化。

第二节　国家开发银行开展银团贷款业务的对策建议

银团贷款业务在国家开发银行整体业务构架中发挥重要作

用，使更多的资金投入到国家致力发展的相关产业领域和服务领域，进一步提升国家开发银行支持大金额、长期限、高风险资金需求的能力，有助于国家开发银行更好地完成自身使命。

一、加强银团贷款产品创新

目前我国银团贷款市场相比国际市场而言规模不大，市场发展不够充分，主要是受贷款条件"同一性"和信贷资产转让"整体性"的约束。贷款条件"同一性"要求银团贷款必须基于相同贷款条件，使用同一贷款协议，这样就排除了牵头行分别和不同参与行签署条件不同的多个协议的可能性。而信贷资产转让"整体性"要求银行业金融机构转让信贷资产应当包括全部未偿还本金及应收利息，这样就影响了金融机构利用银团贷款部分转让平衡其流动性和盈利性的积极性。进一步分析，"同一性"通过合同初步限制了贷款者的贷款期限、资金变现的自由，而信贷资产若能自由转让，恰好可以解决这方面的问题。因此，目前政策对信贷资产转让方面的严格限制既降低了风险，也制约了银团贷款一级市场的发展和二级市场的交易。

对此，国家开发银行需要加强产品创新，以符合银团贷款产品"同一性"和"整体性"的要求。不管是哪方面的创新，核心都是通过贷款期限的多样化、贷款利率的多样化、担保措施的多样化、贷款品种的多样化、资金来源的多样化等吸引更多的参与行，从而最大限度发挥银团贷款筹集资金、分散风险、搜集信息的功效。

（一）期限分组银团贷款模式

期限分组的思想源于传统银团贷款期限方面的不灵活。以我国为例，主要的牵头行国家开发银行作为开发性金融机构，其优势就在于贷款规模大、期限长，而通常与其组建银团的商业银行出于资金流动性的考虑，很少投向贷款期在10年以上的项目，这自然增加了贷款协议达成的难度。为了解决各金融机构期限偏好不一致的问题，可以考虑向客户提供不同期限贷款的银团贷款操作方式。此种模式的特点在于：

• 授信安排灵活，客户在同一贷款合同下获得不同期限的贷款；

• 可以满足不同银行信贷资源安排的差异，为金融机构提供选择的余地，拓宽了参与范围，增加了分销渠道；

• 各组之间可以利率期限结构差别化定价。

对于期限分组银团贷款模式，从理论上设计可以有以下几种设想：

1. 简单分组银团贷款模式

主要思路就是和借款人协商后将各银行按各自的贷款期限偏好分成不同的组，分别对借款人提供贷款。

具体流程见图6-4。

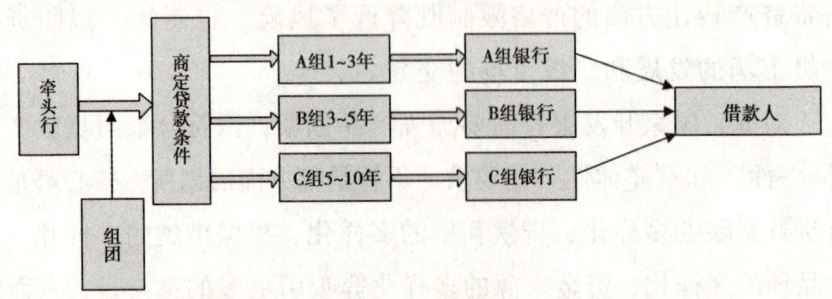

图6-4 简单分组银团贷款模式图

2. 新型组合银团贷款期限拆分模式

此模式是针对一个银团贷款协议同时签订多个符合期限同一性的银团合同。比如牵头行是国家开发银行，贷款期限一般为10

年，参加行有三家，分别是A组国有大型商业银行、B组股份制银行和C组农商行，贷款期限偏好分别为10年、5年和3年。按照图6-4所示，可以采用以下方法：经过与借款人沟通，国家开发银行分别与A形成一个10年的组，与B形成一个5年的组，与C形成一个3年的组，最后再签订一个将以上三个银团协议捆绑的合同。这既不违反"同一性"要求，又满足了不同性质的银行对贷款期限的偏好。具体流程见图6-5。

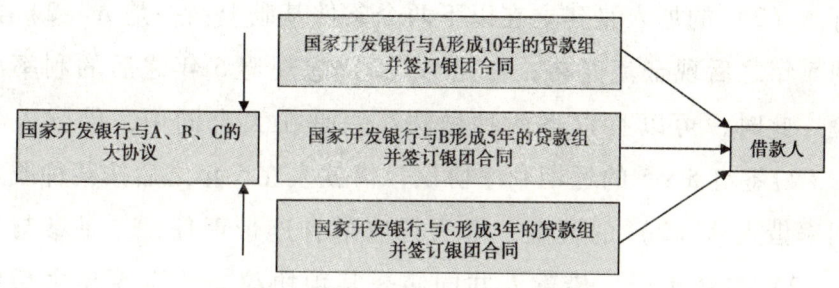

图6-5 新型组合银团贷款模式图

3. 长期贷款期限拆分模式

在上述期限分组模式中，偏好长期贷款的牵头行必须要分别和不同期限偏好的商业银行组建独立银团，而后再整合。这种模式是以牺牲牵头行贷款利息、信贷规模安排计划为代价的。如果牵头行固定自己的贷款期限为m·n年，此时它需要将偏好短期贷款的参与行［A（1）到A（n）］分别安排到不同的时间段。如图6-6所示：

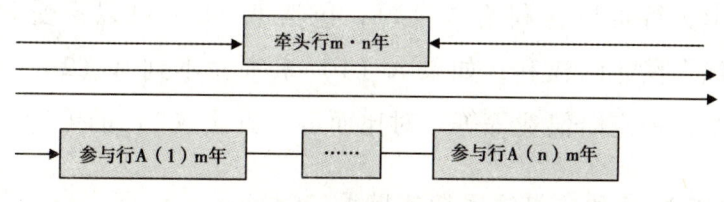

图6-6 长期贷款期限拆分模式图

假设 m=5、n=2，图 6-6 可以有两种解释：

(1) 牵头行与参与行 A（1）组成 10 年期银团贷款合同，并附议为 5 年之后参与行 A（2）购买 A 的贷款份额。

(2) 牵头行与参与行 A（1）组成 10 年期银团贷款合同，在 5 年之后，参与行 A（1）将贷款转让给 A（2）。

无论是哪种方法，问题的关键都是要找到参与行 A（2）。

对于方法（1），参与行 A（2）通常是牵头行来寻找。参与行 A（2）的加入是建立在以下两个条件基础上：一是 A（2）预期 5 年之后现金流充裕；二是 A（2）想规避 5 年之后的利率风险。此时，可以有以下两种做法：一是在大合同中，借款人与 A（2）签订 5×5 的远期利率协议，借款人在 5 年之后按某种既定利率借入 A（2）的资金，牵头行应附有连带责任；二是参与行 A（2）与牵头行、借款人共同签署某项协议，约定 5 年之后借款人仍按当时的市场利率借入资金，而 A（2）按既定的固定利率贷出资金，其中的差额由牵头行来补足。假如 5 年之后的市场贷款利率高于当前的固定利率，牵头行将收入其中的差额；假如 5 年之后的市场利率低于当前的固定利率，牵头行将支出其中的差额给参与行 A（2）。

对于方法（2），除非参与行 A（1）有很大的把握 5 年之后能找到 A（2）来承接贷款，否则在当前信贷资产不能部分转让的规定下很难执行。当然，为了补偿 A（1）寻找 A（2）的风险，牵头行可以让利给 A（1），包括 A（1）可以享受到本金、利息优先偿还的权利；如果 A（1）未来找不到 A（2），牵头行承诺给予一定赔偿费等等。对比而言，方法（2）的可行性不高。

（二）贷种分组银团贷款模式

贷种分组银团模式是银团成员通过贷款分组，在同一银团贷款合同中向客户提供不同种类贷款的银团贷款操作方式。贷种分组模式包括流动资金、固定资产、并购贷款、票据融资等。

此种模式的特点在于：

- 授信安排灵活，客户可在同一贷款合同下获得不同种类的贷款，适用于大型企业综合信贷需求、大型项目中长期建设——经营或大型并购重组等业务。

- 可以发挥不同金融机构的专业专长、发展需求，适应不同的信贷政策，减少银行筹组压力；也可以最大限度实现专业化分工，集各金融机构优势所长，保证借款人融资的成功率。

- 各组之间可以根据承担风险的不同程度以及提供贷款产品的差异化分别定价。

具体流程见图 6 - 7。

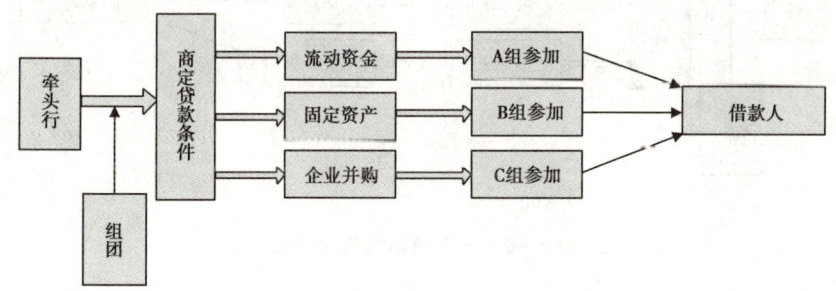

图 6 - 7　贷种分组银团贷款模式图

（三）分级银团贷款模式

分级银团贷款模式是银团成员通过贷款分级，在同一银团贷款合同中向客户提供不同权利等级贷款的银团贷款操作方式。在引入非银行金融机构时，根据不同参与者风险偏好和审批政策要求分为优先级贷款和普通级贷款，贷款人根据权利（受益）等级划分享有不同收益，承担不同风险。

此种模式的特点在于：

- 贷款人主体范围扩大，不局限于商业银行，可以包括保险、基金、银行理财产品等资金。
- 各贷款人可以根据自身的风险承受能力、资金收益要求选择在不同条件或不同阶段介入银团贷款。
- 可以弥补因商业银行风险管理要求以及政策审批限制造成的资金支持迟缓的不足，使优质客户和具有潜力的项目得到及时的资金满足。
- 各贷款人根据承担风险的不同程度划分权利（受益）等级（优先级和普通级）差异化定价。

具体流程见图6-8。

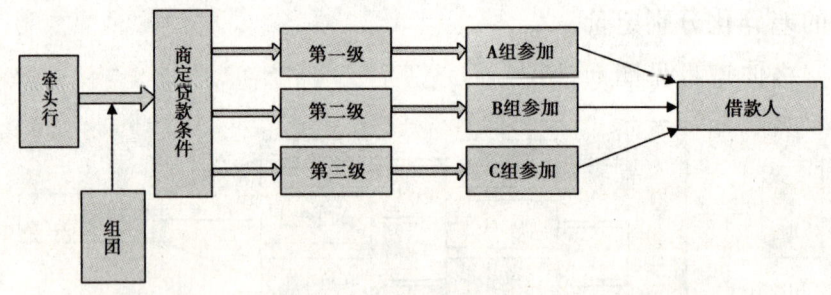

图6-8 分级银团贷款模式图

二、呼吁监管部门倡导差异化的监管政策

差异化发展是不同银行充分发挥自身比较优势、吸引和建立特定的目标客户群体、争取利润最大化的战略选择。作为银行业发展的监督服务机构，监管者应该根据不同银行发展状况和特征、不同业务所需监管环境的不同采用差异化的监管政策，积极推动银行走出符合自身发展规律和优势的差异化路线，促进整个银行业健康合理的发展。国家开发银行银团贷款所需要的差异化监管政策基于两方面考虑：一是银团贷款产品的特殊性对监管差

异化的需求；二是国家开发银行战略定位的特殊性和政策性属性对监管差异化的需求。

(一) 银团贷款产品的特殊性需要差异化监管政策

1. 加强银团贷款激励制度建设，提高银团贷款的吸引力

监管部门可以提供激励银团贷款发展的制度环境。银团贷款具有降低贷款集中度、分散信用风险的作用；同时，银团贷款的市场化发展，尤其是二级市场的活跃，有利于众多金融机构和其他投资者分析判断借款人的资质，更好地发挥市场的资源优化配置作用。因此，监管部门应当出台措施为银团贷款的发展提供正面的激励机制。目前，中国银监会颁布的《银团贷款业务指引》鼓励商业银行在某些情况下优先采用银团贷款模式。但该指引并不具有强制性，对银行业务操作的约束力不强。可以考虑从两方面着手：一是强化约束，规定超过一定金额的贷款必须采用银团贷款模式；二是提供正向激励，如给予银团贷款较低的风险权重，以反映银团贷款的风险分散作用。

2. 适度鼓励银团贷款份额转让和受让，灵活银团贷款退出机制

出于规范信贷资产转让和控制转让风险的目的，中国银监会出台了有关信贷资产转让政策，其中规定了银团贷款参与行转让银团贷款份额时必须全部转让。该规定在防范贷款风险扩散具有较强作用，但也从一定程度上弱化了银行业流动性管理的能力。为提高银团贷款流动性，建议监管部门对银团贷款份额的转让赋予一定的灵活性，现阶段先赋予其部分转让的自由，待市场成熟后可逐步放开按期限分段转让，满足不同投资者的不同需求，繁荣市场。这是因为银团贷款交易一旦产生，各银团成员已经对某项目的风险有了一致性的判断意见，在市场化的环境下，用手投票和用脚投票的机制应该允许存在，而且应该发挥作用。同时，

资产证券化的推广也可在银团贷款市场予以试验和实施,增加银团贷款份额的转让渠道。

（二）国家开发银行的特殊定位需要差异化监管政策

国家开发银行是以"两基一支"为战略定位的开发性金融机构,与一般的商业银行在经营目标、资产类型、资金来源等多方面有所不同,这些差异也同样体现在具体的银团贷款产品之中。监管部门可根据国家开发银行银团贷款产品的特殊性给予适当的差异化监管政策。

国家开发银行银团贷款主要投向基础设施、基础产业和支柱性产业,非营利性的经营目标、政策性的导向必然需要监管机构给予政策上的监管支持。具体而言:一方面,对参与国家开发银行银团贷款的参与行给予一定的激励机制,比如适度降低参与银团贷款业务的风险权重,参与银团贷款的业务产品按一定系数折算后纳入存贷比的计算,放宽银团贷款产品投向地方政府融资平台的限制等;另一方面,对国家开发银行的牵头银团产品放宽贷款份额转让的限制,若参与行希望部分转让贷款份额增强流动性,可允许国家开发银行购买参与行拟售出的份额,帮助合作银行实现流动性需求。

三、积极推动银团贷款配套市场建设

（一）积极推动机构投资者参与银团贷款,扩充贷款资金来源

银团贷款的功能最终要通过发放贷款的资金来实现,包括贷款的资金额度、期限、风险承受能力等。因此,国家开发银行在充分利用银团贷款这一产品形式实现特定的经营目的时,能够动

员的资金数量、期限和风险承受能力是十分重要的，必须储备数量相对充足、风险承受能力较高的资金供给。这种资金供给在发达国家是通过大量机构投资者进入来实现的。国家开发银行必须通过推动金融规制环境的优化和方便机构投资者进入等多个方面，引导越来越多的机构投资者如保险机构、养老基金等进入或准备进入银团贷款市场。

从国际银团贷款业务发展来看，机构投资者逐步取代商业银行在国际银团贷款中的主导地位。近十年来，随着机构投资者规模的不断壮大，机构投资者开始慢慢改变发达国家的信贷市场结构。国际上最开始的机构投资者是由保险公司发起的，最开始涉足的是银行贷款基金市场。机构投资者反应速度快、手续简明，他们只关心资产组合管理集风险/回报水平等优点受到银团牵头行的青睐，致使5年内机构投资者信贷规模增加10倍。这些优点是商业银行所不具备的。商业银行冗长的信贷审批程序、关系客户等因素使其对市场反应较慢，其在国际银团中的主导地位也渐渐被机构投资者所取代。

机构投资者在考虑设计新的融资工具时，传统银行还在考虑能否从国际银团贷款中获得多少辅助业务，这种反应程度明显慢于机构投资者。结果是，在极少客户能提供辅助业务的情况下，传统商业银行只能淡出国际银团贷款市场，而那些机构投资者却利用杠杆银团贷款这个契机，迅速进入国际银团贷款市场。

随着大量机构投资者加入银团贷款，牵头行设计出适合机构投资者的银团贷款产品，这些银团贷款已超出传统银行的范畴，机构投资者已经慢慢取代传统商业银行，成为国际银团贷款的主要力量。如美国最大的机构投资者类型之一——共同基金，设计出结构型定期贷款，分别在期限、价格、购买者三个方面，对机构投资者领域和传统贷款领域进行了不同的侧重（如表6-5）。

表 6-5　　　　　　　　　结构型银团贷款的对象

档次	定价	期限	投资者
循环贷款	LIBOR + 100 基点	5 年期	传统银行
长期贷款 A	LIBOR + 100 基点	5 年期	传统银行
长期贷款 B	LIBOR + 150 基点	6 年期	机构投资者
长期贷款 C	LIBOR + 200 基点	7 年期	机构投资者
长期贷款 D	LIBOR + 250 基点	8 年期	机构投资者

备注：100 基点 = 1%。

（二）承担相关银团贷款的做市商，推动银团贷款二级市场建设

国家开发银行在着力推进银团贷款牵头业务的同时，考虑推进银团贷款二级市场的建设。国家开发银行可以在二级市场承担做市商职责。一方面，通过承担做市商，形成新的收入来源；另一方面，通过二级市场的发展，进一步推进国家开发银行牵头的感召力，并通过二级市场上的转让价格对其牵头能力形成检验和矫正。

推动监管部门重视二级市场的建设有助于二级市场的快速发展，国家开发银行作为一个主力行可以积极提出银团贷款二级市场建设建议：一是建议监管部门放宽对银团贷款份额部分转让的限制，现阶段先赋予其部分转让的自由，待市场成熟后可逐步放开按期限分段转让，满足不同投资者的不同需求，以繁荣市场；二是适时引入中介机构，交易量达到一定规模后以引入交易员制度，提高银团贷款交易效率；三是规范和简化交易规则及操作流程，这是银团贷款二级市场发展的一个基本前提；四是交易系统建设，推动设立权威的交易系统并逐步形成和发布指导价格，这是银团贷款二级市场建设的技术支撑。此外，建议培育第三方专业机构，如独立第三方评级机构等。

四、推动银团贷款市场的信用建设

银团贷款合同签订后,参与行履约付款的执行率关系到借款者申请银团贷款融资的信心,进而影响银团贷款市场的健康发展。付款违约行为发生的主要原因有两个:一是参与行的契约意识不强,没有将不按合同约定放款视为违约行为;二是参与行违约成本低于违约后投向新产品的收益,甚至无违约成本。

推动银团贷款市场的信用建设,一需要监管部门和行业协会加强宣传和引导,强化市场参与各方的履约意识;二需要采取措施提高违约成本和降低违约收益,进而提高已签合同执行率。

建议由牵头行建立银团贷款行为约束以及惩罚机制,增加违约条款,提高违约的直接成本。这里的违约条款包括建立参与行违约黑名单机制、借助借款人联合向参与行施压机制等。类似的机制可以增加违约参与行的声誉风险,迫使参与行按时履约。如果某家银行在黑名单上,与之合作前,牵头行心中有数,事前建立某些约束机制,包括事后的违约惩罚措施,最大限度地降低违约概率。再如当市场利率处于上行时,参与行在利益的驱使下,违约银团贷款协议后转为投向更高收益资产。基于这种情况,一方面可适度扩大银团贷款产品的利率浮动区间,减小参与行信贷资产的机会成本;另一方面,国家开发银行可适度与参与行的上级行沟通,令其充分了解到,在以利润最大化作为考核机制的情形下也应充分考虑违约银团贷款所带来的声誉风险和潜在损失。

SYNDICATION LOAN

第七章

国家开发银行银团贷款业务战略定位及发展方向探析

第七章
国家开发银行银团贷款业务战略定位及发展方向探析

第一节 国家开发银行信贷业务特点分析及其面临风险的特殊性

一、国家开发银行的基本职能和业务领域

国家开发银行自1994年成立以来,主要通过开展中长期信贷与投资等金融业务,为国民经济重大中长期发展战略服务。国家开发银行通过在银行间市场发行政策性金融债筹集资金,缓解经济社会发展的瓶颈制约和薄弱环节,支持国家基础设施、基础产业、支柱产业以及战略性新兴产业等领域发展和国家重点项目建设,促进区域协调发展和城镇化建设,支持中小企业、"三农"、教育、中低收入家庭住房、医疗卫生以及环境保护等领域的发展,支持国家"走出去"战略,拓展国际合作业务,以此增强国力,改善民生,其主要职能和业务方向可以概括为"一体两

翼":"一体"是以基础设施、基础产业和支柱产业为主体。这是国家开发银行的传统业务,也是当时成立时国务院 22 号文件规定的主要内容;"两翼"是指随着经济社会的发展,与时俱进地拓展民生业务和国际合作业务。

在主体业务方面,国家开发银行是基础设施融资的主力银行。国家开发银行从成立之日起就在我国"两基一支"领域担当重任,积极筹措资金支持重大项目建设。比如:三峡工程、南水北调、西电东送、京九铁路等重点工程都是国家开发银行融资支持的;1998 年,国家开发银行与地方政府合作的"芜湖模式"开辟了我国城建融资的市场化道路。国家开发银行把自身融资优势与政府组织优势相结合,以市场建设为核心,将业务领域从国家重点项目逐步拓展到城市基础设施,不断从大城市向中小城市、县域延伸,助力中国城市化发展。

在民生金融方面,国家开发银行是民生金融创新的推动者。2002 年以来,中小企业、"三农"、住房、教育、医疗等民生问题成为政府和社会关注的热点。国家开发银行运用开发性金融方法,致力于构建人人享有平等融资权的普惠金融体系,用批发的方法做零售业务,在支持民生领域发展中创造了不少融资模式和成功典型,如助学贷款的"河南模式"、辽宁棚户区改造项目、天津蓟县新农村建设项目等。目前,国家开发银行成为我国最大的助学贷款银行、最大的保障房建设银行,也是支持新农村建设、水利建设、中小企业、防灾抗灾等领域的重要力量。

在国际合作业务方面,国家开发银行是中国最大的对外投融资合作银行。为服务国家"走出去"战略,国家开发银行 2005 年起在全球范围"投棋布子",派出海外工作组:一方面,推动成立上合组织银联体、金砖国家银行合作机制等,加大多边金融合作；另一方面，紧紧围绕合作国政府关注热点，与中外政府部门和企业合作，以市场化手段开展国际合作业务，成功运作了中俄石油、中巴石油、中委联合融资基金等一批重大项目，支持中石油、中石化、五矿、华为、中兴等拓展海外市场，在优势互补、平等合作中实现多方互利共赢。

二、国家开发银行的信贷业务特点

国家开发银行的信贷业务特点可以概括为："集中、长期、大额"。

（一）集中

国家开发银行的信贷资金主要用于支持国家重点项目建设，满足国民经济"两基一支"瓶颈领域融资需求，集中在公共基础设施、公路、铁路、电力、石油石化、煤炭和邮电通信八大重点行业，信贷业务集中度较高。

（二）长期

由于国家开发银行的主要业务投向特点，其贷款期限大多为中长期贷款。中长期贷款占比长期达90%以上，是国家开发银行信贷业务最显著的特征之一。国家开发银行贷款期限一般都在10年以上，这与一般商业银行3~5年的贷款期限有着显著的区别。

（三）大额

国家开发银行信贷业务常常具有额度大的特点，这与国家重点项目建设规模大、总投资大有关，例如铁路、公路等项目建设，项目融资一般都在几十亿元以上，对于国际"走出去"业务,也往往伴随着重大的国际收购或资产交易。因此,贷款规模更为庞大,如中俄贷款换石油交易额度就达到了数百亿美元。

三、国家开发银行的信贷业务面临风险的特殊性分析

从上述业务特点分析我们可以看出,"集中、长期、大额"既是国家开发银行信贷业务特点,也是其信贷风险特点,并且与一般商业银行相比,国家开发银行面临的信贷业务风险具有一定的特殊性。

（一）流动性风险的特殊性

国家开发银行流动性风险主要来自于长期资产与中短期负债的期限结构错配,国家开发银行的流动性风险管理重要性比其他银行相比显得更为重要。资产的中长期特点决定了国家开发银行资产面临着较大的流动性管理难题。如果国家开发银行债券发行筹集的资金供应不足,或国家开发银行不良贷款率出现较大幅度的上升,或本息回收率出现较大幅度下降,将直接导致信贷资金无法满足中长期贷款需求,也有可能影响国家开发银行债券按时足额还本付息,因此一旦国家开发银行出现严重的流动性危机,其结果可能会引起银行间市场的系统性风险。

（二）利率风险的特殊性

国家开发银行利率风险的特殊性主要表现在两个方面：长期资产的利率风险敞口及利率上限自我约束。在利率风险敞口方面,中长期信贷资产特点除了引起流动性风险外,还带来了长期利率敞口,国家信用水平的变化、同期市场利率水平的高低以及市场上资金面宽紧程度变化引致债券发行成本的差异等等因素都

将导致国家开发银行面临利率风险。在利率上限自我约束方面，国家开发银行贷款服务国家战略的目标决定了其贷款收益不追求最大化，而是追求盈利的合理性和可持续发展性。在利率市场处于上升通道的情况下，国家开发银行贷款息差空间将被压缩，将直接影响国家开发银行信贷业务的利息收入。

（三）信用风险的特殊性

国家开发银行信用风险特殊性主要表现在单一客户集中度和地方政府融资平台作为借款主体的特殊风险上。从单一客户集中度角度来看，国家开发银行在八大行业贷款集中度较高，在市场化环境下，如果某个大额项目出现不良情况，将直接吞噬国家开发银行的自有资本和相关盈余积累。此外，地方政府融资平台作为借款人，与一般借款人相比具有特殊性，存在政府道德风险，政府换届易导致"新官不理旧账"的情况发生，地方政府领导的信用观念意识和协调力度与资金协调结果有着最直接的关系。如果地方政府信用意识较为薄弱，则融资平台的资金来源随意性强，无保障机制，将使违约风险分担机制不能及时有效实施。

第二节 发展银团贷款市场的必要性分析

一、国内银行业缺乏合作理念

长期以来，国内银行与借款人进行单独谈判，独立进行授信调查、贷款审批，并签订双边贷款合同。业界在对银行机构进行考量时，贷款余额作为一个决定性指标，因此国内银行机构普遍崇尚"做大做强"的价值观念，缺乏合作理念。双边贷款的优势在于各银行可以保持较强的独立性和灵活性，可以进行独立的评判。然而，由于借款人信息披露制度的不全面，多家银行的双边贷款形成了多头授信，使一些集团客户获得的授信额度远远超过其承受能力，或者项目融资超过总投资，这些都会直接引起银行信贷资产的风险。此外，借款人还会利用各家银行的过度竞争，迫使银行简化必要的审批手续，压低贷款利率，加长还本付息期限，放松抵押担保条件等，实质上是增加了银行的贷款风险。

致公党中央曾在2003年公开刊文力荐银团贷款："中国加入世贸组织后金融界的新形势要求各国内银行应加强合作，而银团贷款由于其具有的特点和优点，必将成为各银行合作的首选。"

二、发展银团贷款市场的现实必要性分析

（一）有利于信用风险的识别和信息共享

在银团组建的过程中，牵头行要考虑所有参加行的信贷条件和政策标准，在贷款评审时考虑的信息会更加全面、更加谨慎；参加行既要参考牵头行的评审意见和包销额度，也要自主进行独立审查，这样便增强了整体银团识别风险和控制风险的能力。通过"同伴监督"，可以有效降低信息不对称，对于防范客户利用管理交易等手段实施信贷欺诈具有积极作用。银行通过开展银团合作可以明确市场定位，实施市场细分，通过市场竞争与银团合作形成相对稳定的信贷合作分工与银团组织角色，打造自己的市场品牌，遏制同质化趋势，避免过度竞争和恶性竞争。

（二）有利于信贷资产的风险分散

银团贷款通过分销、证券化和信用衍生品设计可以有效分散

贷款集中带来的风险。银行针对不同行业、不同借款人、不同信用风险程度情况进行评审，有针对性地进行银团分销，避免"将鸡蛋都放在同一个篮子里"。对于存量贷款，银团重组还可以优化借款人的资产负债结构，平滑短期偿债危机，合理安排还款计划，进一步降低和分散集中到期的信贷资产风险。

（三）有利于增加中间业务收入

银团贷款业务操作可以向借款人收取一定比例的安排费、承诺费和代理费，其比例可达1%~2%，这对银行来说是一笔不小的中间业务收入。外资行对银团费用给予高度重视，在牵头组织中长期贷款时，在充分考虑收益的时间价值和信贷流动性风险的情况下，甚至采取较低贷款利率来换取无风险银团手续费收入的策略。因此，大力发展银团业务可以在一定程度上促进现有银行盈利模式的改变。

（四）有利于推动利率市场化进程

首先，利率市场化最关键的一步是贷款定价的市场化，而银团贷款业务可以起到价格指示作用，银团定价是所有银行共同认可的价格水平；其次，银行在充分考虑了客户风险水平后的定价，可以形成优质低价、劣质高价的客户选择机制，促使银团信贷资产正常化、规范化。

（五）有利于提高信贷资产流动性和银行的核心竞争力

通过银团一级市场的分销及二级市场的转让，银行可以降低存贷比，腾挪信贷规模空间用于发放新的贷款，提高信贷资产流动性。标准化的银团合同文本中，约定了银团份额在银团成员之间互相转让的协议文本和条款，大大方便了信贷资产在各个金融机构之间的流转，更有利于银行业根据自身情况开展流动性管理，主动应对外部银根松紧及企业的需求情况，提高其核心竞争力。

第三节 国家开发银行银团贷款业务战略定位

结合前述分析以及国家开发银行银团操作的实践，我们给出国家开发银行银团贷款业务战略定位及未来发展方向建议。

一、银团贷款产品功能定位应进一步多元化

目前银团贷款作为主力产品在国家开发银行操作的主要功能有两个：一是解决开发银行独自一家难以满足的客户大额需求；二是对于高风险客户及行业项目，进行贷款分销以分散风险。这两个功能都是银团贷款产品的基本功能。下一步，国家开发银行应通过一定的科学规划和政策引导将银团贷款的功能定位多元化。

（一）将银团贷款作为信贷资产结构调整的重要手段

信贷资产结构管理是国家开发银行在新时期面临的一项重要课题。除了风险分散的考虑外，国家开发银行在进行信贷资产结构管理时应该考虑例如收益水平、行业周期等全方位的系统因素。银团贷款一级市场的筹组分销和二级市场的受让、转让，都可以成为国家开发银行进行信贷资产结构调整的重要手段，而且这种调整可以是主动调整，而不是被动调整。国家开发银行可以根据自身发展战略、行业判断及综合收益水平，通过银团贷款调整表内资产份额，主动进行信贷资产结构调整，以应对不断变化

的金融环境和实体经济发展状况。

（二）银团贷款可作为借款人债务重组的风险缓释工具

对于多头融资、超总投融资以及超边界授信等情况，银团贷款恰恰可以作为债务重组的风险缓释工具，重新设计交易结构，合理调整借款人资产负债率水平，平滑短期集中到期的债务风险。此项功能应用对于国家开发银行来说尤为重要。因为国家开发银行地方政府融资平台或多或少地存在多头融资或超额授信的情况，尤其是4万亿元投资计划实行时期，商业银行通过大量短期贷款进入地方政府融资平台领域，但地方财力在短期内的增长幅度有限，无疑造成短期集中到期债务与还款资金有限增长的错配。通过银团重组，重新设计交易结构、信用结构，国家开发银行作为综合债务协调人，一揽子管理地方融资平台负债情况，将大大降低借款人短期债务违约的概率。

（三）强化银团贷款的其他综合性功能

除了上述功能定位，银团贷款收费也应该是国家开发银行十分关注的一块中间业务收入。银团一级市场的分销力度越大，国家开发银行通过有限表内资产份额获得的单位中间业务收入数量就越大，这有利于提升国家开发银行的综合收益水平。此外，银团贷款还可以作为备用提款及信用增进的一种形式出现在金融资产交易中。国家开发银行在合理控制或有负债及资产交易风险的前提下，可以通过银团贷款促成大额金融资产交易或提高交易主体信用等级，提升业务竞争力。

二、国家开发银行银团贷款份额占比应进一步优化

我们这里所指的银团贷款份额占比包括两部分：一是指国家

开发银行银团贷款表内余额占国家开发银行全部信贷资产余额的比重；另一个是国家开发银行银团贷款表内和表外的份额比例。

（一）银团贷款表内余额占全部信贷资产余额比重应有所提升

目前，国家开发银行银团贷款表内余额占全部信贷资产余额的比重将近两成，这个比例在同业中应属于较高水平，但是从国家开发银行自身的业务特点和未来发展分析，这一比重应该有所上升。

首先，国家开发银行信贷业务供需矛盾较为突出，新型城镇化战略的实施为开发性金融提供了较大的业务发展空间。从目前来看，每年国家开发银行都面临着较大的供需缺口矛盾，无论主动还是被动，国家开发银行的银团贷款表内余额占全部信贷资产比重都应该有所上升。例如从解决客户需求的角度测算，我们的考虑因素如下：

- 每年的供需缺口；
- 目前银团表内外份额比例；
- 国家开发银行解决客户中长期需求的产品手段中，银团贷款业务规模所占的比例；
- 客户需求的未来时间分布结构。

通过严谨的测算，我们发现目前国家开发银行银团贷款表内余额比重占比仍有较大的提升空间，近期规划来看，该比重可以提升至25%左右，长期来看该比重可以更高达到1/3或以上，这主要取决于国家开发银行上述各项因素的综合叠加。这里指出的提升空间也和银团贷款的多元化功能定位及国家开发银行业务特点相吻合。

（二）银团贷款表内外份额比例中，表内份额有所下降

目前，国家开发银行银团贷款表内外的份额比重大概是1:1，即银团贷款分销比例大致为50%。从另一个角度衡量，即国家开

发银行银团贷款表内资金撬动表外资金的杠杆倍数为 1 倍。从银团贷款引导社会资金服务国家战略的角度来看，这个杠杆倍数并不算高，可以进一步提高。这个发展方向也符合中央提出的引导多元化社会资金支持国民经济薄弱领域的战略。

三、国家开发银行应进一步拓展银团贷款业务的新领域

相比于商业银行而言，国家开发银行在服务国家战略开展业务方面具有得天独厚的优势。国家开发银行肩负着执行国家战略、落实政策导向的重要使命，也在多年政策性金融业务的开展中积累了大量经验，相比于商业银行更擅长协调国家战略项目的融资安排。因此，国家开发银行应继续发挥政策性金融优势，紧跟国家战略和政策导向，在原有的八大行业领域内继续巩固银团贷款业务，同时开发新的领域。

（一）服务新型城镇化建设

中央未来十年的经济发展战略中，新型城镇化将作为我国实现经济增长模式由投资驱动向消费驱动转型的一个有效途径。新型城镇化与过去所提的城镇化有所区别：一是与工业化、农业现代化协调发展的城镇化；二是人口、经济、资源和环境相协调的城镇化；三是大、中、小城市与小城镇协调发展的城镇化；四是人口积聚、市民化和公共服务协调发展的城镇化。新型城镇化既将继续扩大城市数量和规模，也对城市基础设施提出更高的要求，从长期来看其将会继续带动原来房地产业建设、基础设施建设、市政工程建设等行业发展，由此引发的投资可以消耗大量的钢铁、水泥等建筑材料，极大地缓解冶金、建材等行业产能过剩的压力。此外，城镇化发展还能够推动以教育、医疗、社保等为

主要内容的公共服务发展,也能推动以商贸、餐饮、旅游等为主要内容的消费型服务业和以金融、保险、物流等为主要内容的生产型服务业的发展,而且这种发展是城镇越大,发展越快。国家开发银行银团贷款既要巩固原有领域内的发展方向,同时可有针对性地研究在公共服务行业、消费型服务业等行业的发展策略,扩大在这些领域内的银团贷款参团份额,加大分销比例,切实支持新型城镇化建设,服务国家战略。

(二)服务新兴产业发展

"十二五"时期,国家重点发展的战略性新兴产业——节能环保、新一代信息技术、生物科技、高端装备制造、新能源、新材料和新能源汽车——需要保障其资金投入。目前而言,国内对新兴产业的银团贷款支持较少,国家开发银行银团贷款的主要对象是公路、公共基础设施以及电力行业;而商业银行的贷款大多集中在制造业、交通运输业、商业及房地产业,尤其偏向制造业。此类产业的发展资金需求量较大并有相应的政策支持,因此存在一定的发展机会。从风险防范的角度考虑,相对于成熟的产业而言,从事新兴产业的企业往往规模较小,盈利能力不太明朗,甚至企业拥有的技术能否市场化也存在不确定性。针对这种潜在风险,建议国家开发银行不要回避,而应调整风险偏好,采用合理的管控手段,积极应对。尽管目前新兴产业规模不大,企业个体前景也不明朗,但此类产业可能是未来的发展方向。更为重要的是,如果现在没有积累足够的经验和资源,今后可能在产业成熟后面临被动的局面。国家开发银行可以考虑将不同的新兴产业贷款项目进行组合,整体对之发放贷款,同时采用银团贷款进行分销,有效分散风险。

（三）服务于保障房（公租、廉租、棚户区改造等）建设

"十二五"规划纲要指出，我国将在今后 5 年内新建 3 600 万套保障性住房，使保障房覆盖率达到 20%。与商品房相比，保障房建设资金需求量大，投资回报慢，使得商业银行对提供保障房建设的资金来源不会有更多偏好。国家开发银行作为开发性金融机构，可以利用自身的政策性金融优势，主动组建银团，以降低对方风险吸引商业银行进入，从而筹集大规模资金用于保障房建设。

（四）服务于区域集优的中小企业

国家开发银行服务中小企业主要是通过操作双边贷款，利用统贷平台或转贷款来实现。未来国家开发银行可利用银团贷款实现这一战略目标。其整体思路如下：首先，为克服单家中小企业违约率高的特点，采用区域集优的方式选择中小企业包；其次，通过银团贷款分销分散信贷资产风险；最后，银团贷款成员角色中，选择营业网点多、客户经理人数更多商业银行来充当代理行，负责贷后日常管理。这样的银团操作模式，即分散了风险，又解决了国家开发银行中小企业贷后管理深度不足的难题，以此主动介入中小企业贷款，实现"一体两翼"的战略目标。

四、进一步提升银团贷款精细化管理水平

从国家开发银行的发展历程来看，单纯追求贷款余额、规模扩张的时代已经过去，风险管理和资本约束的理念逐渐树立。银团贷款在分散和管控风险、转变盈利模式、优化信贷资产结构、加快资金流通和促进信贷市场专业化方面，相比于双边贷款更具

有优势。国家开发银行应综合分析政策性银行与商业银行信贷管理要素的异同，提高银团贷款精细化管理水平。这里尤其要强调的是强化和完善银团贷款合同执行率的管理，良好的执行率将会从整体上提高国家开发银行银团贷款的品牌价值。同时，国家开发银行应在未来设计个性化的银团贷款合同条款，针对不同项目的实际特点，约定所有银团成员一致认可的信贷管理条款，提高管理深度和广度。

五、实行专业化、标准化的银团贷款运作

银团贷款作为标准化的一种信贷产品，即使不断创新，也应该满足在同一贷款条件下权利和义务相匹配的原则，因此银团贷款产品可以实行专业化和标准化的运作。专业化角度，内部可根据项目成立总分行联动的银团团队，外部聘请独立技术顾问、独立法律顾问、独立市场顾问、独立保险顾问等专业人士，共同开展银团贷款业务。标准化角度，应该进一步研究各项银团产品系统内的标准化合同文本、贷款条件要求及信贷管理要素，适时建立财务模型，在系统内及时共享信息，确定有效财务指标，最大限度降低内外部银团信息不对称，推动业务发展。

六、建立科学的银团贷款定价体系

银团贷款的定价不能简单以双边贷款定价标准为主，而应建立专业的银团贷款定价模型。定价模型要充分考虑银团贷款涉及的各方面因素：一是借款人资信及项目风险，主要依靠借款人财务数据、项目评估、借款类型、担保情况等作为判别依据；二是银行的资金成本及其回报率，要充分评估项目为银行带来的综合回报率；三是贷款的市场因素，包括客户市场地位、客户关系维护、银团分销可能性等因素。例如：借款人最近完成的融资的价格、类似借款人最近在市场上完成的融资的价格、其他银行对同一借款人贷款的价格等方面。

SYNDICATION LOAN

附件

附件1 各地关于"银团贷款额度范围界定"的政策法规

监管机构	政策名称	政策内容
浙江省银监局	《浙江银行业银团贷款指导意见》	下列大额贷款原则上采取银团贷款方式（单一资金信托除外）： （一）融资总额超过15亿元人民币或等值外币，期限3年以上的单一客户单一项目性融资； （二）融资总额超过15亿元人民币或等值外币，期限3年以上的单一客户中长期大额流动资金贷款； （三）融资总额超过20亿元人民币或等值外币的单一客户大额流动资金融资； （四）融资总额超过25亿元人民币或等值外币的集团性客户大额流动资金融资； （五）授信余额超过10亿元人民币或等值外币，涉及3家以上银行的重组贷款； （六）借款人以竞争性谈判选择该行进行项目融资的。
海南省银行业协会	《海南省银行业银团贷款合作公约》	在海南省辖区内银团贷款合作范围为： （一）单一企业或单一项目融资总额超过10亿元（含10亿元）人民币或等值外币的中长期贷款业务，原则上组织银团贷款； （二）单一企业或集团客户的单一项目融资总额超过10亿元（含10亿元）人民币或等值外币的流动资金贷款业务，建议也采用银团贷款方式进行融资； （三）借款人采取招标方式融资的，银团贷款专家委员会根据两家以上委员会的提议，可召集愿意参加的各家银行商定统一标书进行投标。10亿元以下人民币以下的贷款，鼓励会员单位也可以根据情况组织银团贷款。
福建省银行业协会	《福建省银行业银团贷款合作公约》	在福建省辖区内银团贷款合作范围为： （一）建设主体在福建省辖内，已经国家和省有权部门批准立项的重点工程项目银团贷款； （二）融资总额超过20亿元人民币（含20亿元）或等值外币的中长期贷款，原则上应组织银团贷款； （三）单一企业或企业集团融资总额达到或超过20亿元人民币或等值外币的流动资金融资的项目，必须组织银团贷款，也必须组织银行商定统一标书进行投标，借款人采取招标行为关于组织银团贷款的，要由该银团常委会轮流主席行召集有意愿参与组织银团贷款的，各家银行均不应予以支持。 （四）属于银团合作范围内，借款人选定一家银行作为关于组织银团贷款方定销和受理并予以支持。最终借款人选定上级行直接营销和受理的项目不受约束。

159

续表1

监管机构	政策名称	政策内容
四川省银行业协会	《四川省银行业协会直接银团贷款管理办法》	银团贷款的对象包括： （一）国内外大型集团客户； （二）大型项目的融资； （三）各种大额流动资金的融资。
山西省银行业协会	《山西省银行业银团贷款合作公约》	银团贷款的合作范围包括： （一）符合贷款条件的大中型企业、企业集团以及列入国家和省内重点建设项目的借款人； （二）单一借款人的单一项目融资总额超过10亿元（包括10亿元）人民币或等值外币的中长期贷款业务原则上应组织银团贷款； （三）单一借款人的单一项目融资总额低于10亿元人民币或等值外币的，鼓励会员单位组织银团贷款。
山东省银行业协会	《山东省银行业银团贷款合作公约》	银团贷款的合作范围包括： （一）单一企业或单一项目融资总额超过10亿元人民币或等值外币的中长期贷款业务，原则上一律组织银团贷款业务； （二）单一企业或企业集团的单一项目融资总额超过10亿元人民币或等值外币的流动资金贷款业务，原则上也要组织银团贷款； （三）单一企业或单一项目融资总额低于10亿元人民币或等值外币的，单一企业或单一项目的融资总额超过贷款行资本金额15%的，鼓励组织银团贷款或社团贷款，由银行资本余额，单一集团客户授信总额超过贷款行资本金额10%的，自主决定。
重庆银行业协会	《重庆银行业银团贷款合作公约》	银团贷款的合作范围包括： （一）为单一客户或单一项目提供融资总额超过20亿元人民币或等值外币的，应通过组建银团贷款的方式提供融资； （二）响应并支持对融资总额在20亿元人民币或等值外币以下，且风险较大的融资业务通过银团贷款方式进行； （三）努力推动本公约生效前已形成的总额超过20亿元人民币或等值外币，由两家以上银行向同一借款人发放的双边贷款，逐步通过银团贷款方式予以置换。

附件1
各地关于"银团贷款额度范围界定"的政策法规

续表2

监管机构	政策名称	政策内容
青海省银行业协会	《青海银行业协会银团贷款合作公约》	银团贷款的合作范围包括： （一）单一企业的单一项目融资总额达到或超过10亿元人民币或等值外币的中长期贷款业务，原则上应组织银团贷款。 （二）企业项目融资总额超过10亿元人民币或等值外币的，鼓励采取招标方式。 （三）单一企业单一项目融资总额低于10亿元人民币或等值外币的，是否组织银团直接营销和受理的项目不受约束。
安徽省银行业协会	《安徽省银行业银团贷款合作公约》	银团贷款的合作范围包括： （一）单一项目提供融资总额超过10亿元（含）人民币或等值外币的，应通过组建银团贷款的方式提供融资。 （二）单一项目提供融资总额在8亿～10亿元（含）人民币或等值外币的，可通过组建银团贷款的方式提供融资。 （三）响应并支持对融资总额在8亿元（含）人民币或等值外币以下的，通过银团贷款方式生效前已形成的总额超过8亿元（含）人民币或等值外币，由两家以上银行向同一借款人发放的双边贷款，逐步通过银团贷款方式予以置换。
上海市银监局	《关于推进上海地区银团贷款业务发展的指导意见》	符合下列情形之一的，原则上应采取银团贷款方式： （一）融资额超过20亿元（含20亿元）的大型项目（房地产项目除外）； （二）融资额超过10亿元（含10亿元）的房地产项目； （三）单一企业或单一项目融资总额超过贷款行资本净额10%，或单一集团客户授信总额超过贷款行资本净额15%； （四）借款人以竞争性谈判选择银团贷款行的融资项目； （五）监管部门要求组建银团贷款的其他情形。 符合下列情形之一的，鼓励采取银团贷款方式： （一）融资额超过10亿元的非房地产项目融资； （二）大型集团客户超过20亿元的融资； （三）单一客户超过10亿元的大额流动资金融资。

161

续表3

监管机构	政策名称	政策内容
甘肃省银行业	《甘肃省银行业银团贷款合作公约》	银团贷款合作范围包括： （一）建设主体在甘肃省辖内，单一企业的单一项目融资总额超过10亿元人民币的中长期贷款业务，一律组织银团贷款。 （二）单一企业或企业集团的单一项目融资总额超过5亿元人民币的流动资金贷款业务，原则上也要组织银团贷款。 （三）单一企业的单一项目融资总额低于5亿元人民币且有较大风险的，鼓励和支持组织银团贷款。 （四）采取招标方式融资的项目，要由银团贷款工作组召集各家银行商定统一标书进行投标，最终借款人选定一家银行作为牵头行组织银团贷款。借款人不同意组织银团贷款的，各家银行均不应予以支持。
包头市银行业协会	《包头银行业银团贷款合作公约》	银团贷款合作范围为： （一）建设主体在包头市辖内，单一企业的单一项目融资总额超过2亿元人民币或等值外币的中长期贷款业务，原则上一律组织银团贷款。 （二）单一企业或企业集团的单一项目融资总额超过2亿元人民币或等值外币的流动资金贷款业务，原则上也要组织银团贷款。 （三）单一企业的单一项目融资总额低于2亿元人民币或等值外币的，单一企业或单一项目的融资总额超过贷款行资本金余额10%的，单一集团客户授信总额超过贷款行资本余额15%的，鼓励组织银团贷款或银团社团贷款，由银行自主决定。 （四）采取招标方式融资的项目，要由银团贷款常务委员会主席召集各家银行商定统一标书进行投标，最终借款人选定一家银行作为牵头行组织银团贷款。借款人不同意核准或备案。贷款方式原则上不采用信用贷款。 （五）银团贷款项目必须经国家有关管理部门核准或备案。贷款方式原则上不采用信用贷款。 银团贷款定价法规如下： （一）银团人民币贷款利率原则上不低于当期人民银行颁布的法定基准利率。 （二）外汇贷款利率原则上不低于LIBOR（6个月）+130bp。各家银行开展银团贷款业务，在按照贷款金额收取贷款利息的同时，应遵循"谁借款，谁付费"的原则，可以在"自愿协商、公平合理"的基础上由借款人支付银团安排管理相关费用。

附件1
各地关于"银团贷款额度范围界定"的政策法规

续表4

监管机构	政策名称	政策内容
包头市银行业协会	《包头银行业银团贷款合作公约》	（三）银团收费一般包括顾问费、代理行费、包销费等（安排、承销费等），各项收费标准由银团参加行根据不同项目的具体情况共同商定。 （四）银团筹组过程中发生的中介费用，包括向律师事务所、会计师事务所等中介咨询机构支付的费用，款人在银团费用外根据实际花费另行支付。 （五）银团贷款的综合收费应与银团筹组难度、银团筹组工作量等情况相适应，由借款人与银团自行协商确定，原则上不低于银团融资总额的0.3%。 （六）违反公约约定的银行，经银团贷款合作比例会2/3成员行共同认定后，可能半年或一年内不得牵头筹组银团，半年或一年内取消参与银团贷款资格。
黄冈市银行业协会	《黄冈市银行业银团贷款管理办法》	有下列情形之一的大额贷款，鼓励采取银团贷款方式： （一）大型集团客户和大型项目的融资以及各种大额流动资金的融资； （二）单一企业或单一项目的融资总额超过贷款行资本金余额10%的； （三）单一集团客户授信总额超过贷款行资本金余额15%的； （四）借款人以竞争性谈判选择银行业金融机构进行项目融资的。
枣庄市银行业协会	《枣庄市银行业银团贷款合作公约》	银团贷款发起和筹组条件为： （一）承贷主体在枣庄市辖内单一企业的单一项目新增融资总额超过10亿元人民币或等值外币的中长期贷款业务，原则上一律组织银团贷款。 （二）单一企业或企业集团的单一用途的新增融资总额超过10亿元人民币或等值外币的流动资金贷款业务，原则上也要组织银团贷款。 （三）单一企业或企业集团的单一项目融资总额低于10亿元人民币或等值外币数额10%的，但其融资总额超过贷款行资本金数额10%的，鼓励组织银团贷款，是否组织银团贷款，由贷款银行自主决定。

163

续表 5

监管机构	政策名称	政策内容
		（四）采取招标方式融资的项目，可由联合会会员单位推举临时牵头行，负责召集各家银行商定统一标书进行投标，最终由借款人选定一家银行作为牵头行组织银团贷款。借款人不同意组织银团贷款的，各家银行均不应予以支持。 （五）银团成员行对借款人承诺的贷款份额可以自行在市场上进行二次分销，也可通过协商进行集中统一分销。银团成员行自行进行分销时，应首先告知银团的其他成员行，其他成员行在贷款份额在同等条件下享有优先购买权。
枣庄市 银行业协会	《枣庄市银行业银团贷款合作公约》	（六）银团贷款项目必须经国家有关管理部门核准或备案。贷款方式原则上不采用信用贷款。银团贷款定价规则如下： （一）银团人民币贷款利率原则上不低于当期人民银行颁布的法定基准利率； （二）外汇贷款利率原则不低于 LIBOR（6 个月）+130bp； （三）银团贷款的综合收费应与银团筹组难度、银团筹组工作量等情况相适应，由借款人与银团自行协商确定，原则上不低于银团融资总额的 0.5%； （四）对违反本公约被处以或者半年一年内不得承头筹组银团，经银团贷款合作例会 2/3 成员行共同认定后，由枣庄市银行业联合会秘书会处处理，或者半年一年内取消参与银团贷款资格等处罚。轻重可能会被处以以上或者半年一年内不得承头筹组银团；或者半年一年内取消参与银团贷款资格等处罚。

附件 2 各地关于"银团贷款份额分配与定价"的政策法规

监管机构	政策名称	政策内容
浙江省银监局	《浙江银行业银团贷款指导意见》	银行牵头行原则上由承贷比例最高的银行承担,其承贷份额原则上不少于银团融资总额的20%,但一般不超过40%。
海南省银行业协会	《海南省银行业银团贷款合作公约》	两家银行组成的联合牵头行,其承担份额原则上不少于50%,分销给其他银团贷款成员的份额原则上不低于30%。
福建省银行业协会	《福建省银行业银团贷款合作公约》	(一)银团人民币贷款利率原则上不低于当期人民银行颁布的法定基准利率; (二)外汇贷款利率原则上不低于LIBOR(6个月)+130bp; (三)银团贷款的综合收费应与银团贷款筹组工作量等情况相适应,银团贷款筹组难度,原则上不低于银团融资总额的0.5%。
山西省银行业协会	《山西省银行业银团贷款合作公约》	(一)贷款到期借款人如不能按期归还,对归还的部分,代理行依照协议规定,根据参加银行的贷款份额按比例分别划归参加行。逾期部分的罚息由代理行按中国人民银行有关利率管理规定和银团贷款协议统一向借款人计收。 (二)未经银团会议决议,各成员行不得将其在银团贷款协议项下的债权与借款人对其债务行使抵销权。
山东省银行业协会	《山东省银行业银团贷款合作公约》	(一)银团人民币贷款利率原则上不低于当期人民银行颁布的法定基准利率; (二)外汇贷款利率原则上不低于LIBOR(6个月)+130bp; (三)银团贷款的综合收费应与银团贷款筹组难度,银团贷款筹组工作量等情况相适应,由借款人与银团自行协商确定,原则上不低于银团融资总额的0.5%。

续表

监管机构	政策名称	政策内容
重庆银行业协会	《重庆银行业银团贷款合作公约》	（一）会员行自愿遵守银团收费报价成本收益匹配的原则。 （二）银团收费由借款人负担，银团不向参加行收取任何费用；安排费原则上按不低于银团贷款总额的 0.25% 的比例一次性收取，其他费用按有关协议收取，承销费原则上按不低于贷款余额的 0.2% 的比例每年收取，代理费可根据代理行的工作量按年收取。
青海省银行业协会	《青海省银行业银团贷款合作公约》	（一）银团人民币贷款利率原则上不低于当期人民银行颁布的法定基准利率。 （二）外汇贷款利率原则上不低于 LIBOR（6个月）+130bp。 （三）银团贷款的综合收费应与银团贷款筹组难度、银团贷款筹组工作量等情况相适应，由借款人与银团成员自行协商确定，原则上不低于银团融资总额的 0.5%。
安徽省银行业协会	《安徽省银团贷款合作公约》	银团贷款的价格由贷款利息和费用两部分组成： （一）银团贷款利息由银团与借款人商定，并在贷款合同中明确，贷款利率按人民银行有关贷款利率政策和贷款合同的约定计收利息。 （二）银团贷款的费用原则是对相关银行开展贷款筹组、发放贷款和管理贷款等工作的货币补偿，遵循"谁借款，谁付费"的原则，不得在利率基础上加点支付，由银团与借款人商定，并在贷款合同中明确。 （三）银团不得向成员行收取任何费用；银团收费参考标准为：安排费原则上按不低于银团贷款总额的 0.25% 的比例一次性收取，承诺费原则上按不低于贷款余额的 0.2% 的比例每年收取，代理费由代理行根据工作量按年收取。独立中介费用（财务顾问、贷款筹集、信用保证、法律咨询等融资服务）在不违背有关规定的前提下可协议收取。
甘肃省银行业协会	《甘肃省银行业银团贷款合作公约》	（一）成员行自愿遵守银团收费报价成本收益匹配的原则。 （二）银团收费由借款人负担，银团不向成员行收取任何费用；安排费参考标准为：按不低于银团贷款总额的 0.25% 的比例一次性收取，承诺费原则上按不低于贷款余额的 0.2% 的比例每年收取，代理费可根据代理行的工作量按年收取。独立中介费用在银团成员行的约定下由借款人在银团费用外根据实际花费另行支付。

附件3 各地银行业协会公约

监管机构	政策名称	政策内容
天津市人民政府	《天津市人民政府办公厅关于建立我市金融服务联席会议制度的通知》	金融服务联系会议的任务包括： （一）"强化协调服务，搞好银团贷款"，确定银团贷款项目及责任单位、银团贷款的部门牵头人与银行牵头行与参与行。 （二）完善银团贷款项目的立项、可行性研究、环境影响评价、土地、资本金和还款来源等条件，组织银团贷款和信贷相关单位签订合同、发放贷款、搞好贷款和资金管理，并按时还本付息，共同完成银团贷款和信贷的质量效益、提高投资和信贷的质量效益。
福建省银行业协会	《福建省银行业银团贷款合作公约》	设立银团贷款常委会建立银团贷款合作会例会制度。银团贷款合作会例会的内容包括：讨论和受理各家银行提交的银团贷款项目，通报实施中的银团贷款项目情况，确定各家银行对各项目银团贷款的参贷意向，讨论确定拟实施银团架构色安排贷款条件等问题，协调各家银行在银团贷款合作中发生的纠纷。
山东省银行业协会	《山东省银行业银团贷款合作公约》	（一）采取招标方式融资的项目，要由银团贷款常务委员会轮值主席召集各家银行商定统一标书进行投标，最终借款人选定一家银行作为牵头银行组织银团贷款。借款人不同意组织银团贷款的，各家银行均不应予以支持。 （二）银团贷款合作委员会由各家银行主管银团贷款业务的行长组成，主管银团业务的行长组成，银团贷款常委会建立银团贷款合作会例会（以下简称银团常委会）。银团贷款常委会每个季度至少召集一次例会，也可在银团贷款项目的提议下召开临时会议。银团贷款合作会议主要内容包括：讨论和受理各家银行提交的银团贷款项目，通报实施的银团贷款项目情况，通过各家银行在正在营销和实施的银团架构内容形成会议纪要发送各家银行并抄报山东银监局和协会秘书处及受理的银团贷款项目及参贷条件等，协调各家银行份额分配及贷款份额分配纪要形成合作例会2/3成员共同认定后，由山东省银行业协会视情节轻重分别实施处罚，包括半年公约或者一年内不得牵头筹组银团，半年或一年内取消参与银团贷款业务资格。 （三）对违反本公约定的银行，经银团贷款合作例会2/3成员共同认定后，由山东省银行业协会视情节轻重分别实施处罚，包括半年公约或一年内不得牵头筹组银团，半年或一年内取消参与银团贷款业务资格。
重庆银行业协会	《重庆银行业银团贷款合作公约》	倡导牵头行将银团贷款邀请函发至本地区的会员行，为会员行积极参与银团贷款业务创造机会。

附件4 其他银行操作的部分银团贷款实例

高流动性贷款

银团贷款一直被认为是由于银行受金融政策或自身资金的限制而产生的一种融资产品。为了能使银团贷款成为企业金融的有效融资手段,结合借款人多样化的筹资渠道的需求,市场推出了高流动性银团贷款。

一、案例介绍

(一) 项目背景

F公司是日本最著名的公司之一。根据业务的需求,经常需要在市场上筹集大量的低成本的资金。F公司在经营业绩良好的背景下,一直通过发行债券或从生命保险公司等金融机构取得贷款,实现了以较低的资金成本筹集资金。为保持较低的筹金成本,公司认为协调发展以发行债券为主的资本市场及银团贷款为主的间接金融市场非常必要。B银行为了能满足客户的这种筹资需求,向客户提议以高流动性银团贷款进行资金筹集。

(二) 项目内容

B银行在得到F公司的委托后作为牵头行为其安排高流动性银团贷款。由于高流动性银团贷款不同于一般的银团贷款,其贷款的债权在二级市场上可以灵活地进行转让,牵头行为了能在二级市场上公开债权的买卖价格，以便投资家进行卖出、买入交易，必须区别于一般银团贷款的组团流程。其中最为重要的是高流动性银团贷款合同的制定。

组团后的银团贷款的债权是以在二级市场上转让为前提的。B银行作为做市商，公开买卖价格，同时对有兴趣购买的投资家根据买入方和卖出方的不同的身份进行提案。为了能增加银团贷款在二级市场的交易量，银行会定期提供高流动性贷款的提案。

二、案例评鉴

从高速成长的银团贷款市场中以低的利息支出筹集大量资金已成为一种确立的筹资手段。从F公司多次利用高流动性银团贷款来看，这种筹资手段已经成为该公司的有效筹资手段之一。

（一）案例的特殊性

由于高流动性银团贷款比一般的银团贷款或贷款更便于在二级市场上转让，因此必须在其合同中加入许多有利于转让的条款。众所周知，债权流通最大的障碍是关于借款人的转让条款。在这个案例中，借款人无条件地承诺了同意在指定金融机构及其子公司间进行债权转让、关于受让人对第三方的抗辩权条件及债务人的抗辩权条件给予最大的协助等内容。F公司对转让条款给予如此之大的承诺，使得该债权能在二级市场上更快地转让。

本案例的贷款合同分为主合同与条款书两部分。主合同规定了金额、期限、利率等个别条件，条款书规定了一般借款合同的内容。这样制定的好处在于：

1. 在下次组团时就不变动的贷款内容直接使用，关于金额、期限、利率等变动的条件，修改主合同。同时在签约时就变动的主合同进行签字。

2. 省去了在二级市场上购买债权的投资者对合同的审阅时间。投资者每次只需要对变动性的主合同进行检查。

3. 减少牵头行的组团工作量，牵头行只需根据需求的预测就可以组织银团，加大了筹措的机动性。

本银团贷款条款中还加入了一些其他特许的内容，如允许借款人回购的条款。使得借款人可以对发行的高流动性银团贷款进行类似债券的操作，根据自身财务状况通过在二级市场上回购公司债权，压缩自身债务。同时，在合同中由于没有加入例如担保提供限制等承诺，使这个贷款与债券拥有等同的条件。

除此之外，在合同中加入了贷款人今后能以银团贷款的债权为担保向日本中央银行借款的条款。迄今为止，在一般的银团贷款合同中没有见到过类似条款。此条款的目的是使拥有此债权的贷款人更利于向日本中央银行借款。

（二）对二级市场的影响

为了能满足高流动性银团贷款具有可以在二级市场上根据市场行情转让的特点，做市商经常公开高流动性银团贷款的买卖价格，不断促成二级市场的买卖交易的做法可以形成以下的优点：

1. 加大银团贷款的透明性，有助于明确今后组团时的筹资成本。

2. 银团贷款债权的买卖交易的活跃，有助于促进更多投资者加入，同时增加今后银团贷款的组团参与的投资者。

3. 投资者可以根据自身的资金结构调整资金构成，机动性地买入或卖出贷款的债权。

4. 高流动性银团贷款可以在二级市场灵活地转让，使更多投资者愿意加入到银团贷款中；同时，潜在投资者的增加可能有利于降低银团贷款的利率。

（三）外部评价

此高流动性银团贷款得到了一些机构的评价。

1. 信用评级公司的评价。

M 公司评价 F 公司的高流动性银团贷款为其开拓了投资者领域，降低了筹资成本，显著增加了筹资手段的灵活性，加大了筹资手段的灵活性带来了显著性的效果。从 F 公司对日本债券市场局限的成长性及银行贷款流动性状况的认知度来看，本次组团是有战略意义的。

S 公司评价 F 公司的高流动性银团贷款为日本其他公司的多渠道筹资提供了非常好的借鉴，为促进日本贷款市场做出了巨大贡献。同时指出，由于发布了本次高流动性贷款的评价等级，加大了贷款市场价格的明确性，提高了贷款在二级市场上转让的流动性。

R 公司评价 F 公司拥有强大的自有资金及稳固的财务基础，资金的筹集也非常稳定，期待其在今后积极利用高流动性银团贷款的筹资手段，扩大筹资的多样化。

2. 投资者的评价。

A. 认为由于对贷款做了评级，在进入二级市场相关业务时，更利于行内的工作。

B. 非常感谢牵头行在组团后随时更新贷款的价格信息。

C. 由于本次银团贷款可以作为贷款人向日本中央银行借款时的担保，因此贷款本身得到了良好的评价，有利于考虑加入二级市场的交易。

D. 二级市场交易的加大，使得投资者更积极考虑投入二级市场的交易。

美国佛罗里达电力公司银团贷款项目

2010年5月初,招商银行纽约分行作为联合牵头行,在银团贷款合同上签字,承诺参与美国佛罗里达电力公司(Florida Power and Light,简称"佛州电力公司")5亿美元银团项目中的1亿美元份额。这是招商银行在美国参与的单笔最大金额的银团贷款,也是首次以联合牵头行身份参与美国银团贷款项目,标志着招商银行正成为欧美发达国家银团市场活跃而重要的参与者。

一、案例介绍

(一)项目概况

佛州电力集团(佛州电力公司的母公司)总部位于佛罗里达州朱诺滩,是美国第三大电力公司和最大的可再生能源发电公司,同时经营着美国第三大核能发电设施。截至2009年12月31日,佛州电力集团总资产484.6亿美元,经营收入156.5亿美元,净收入16亿美元,合计电力资产生产能力约43 000兆瓦。佛州电力集团在标普、穆迪和惠誉评级分别为A-、A2-、A-。集团旗下拥有两个主要发电实体子公司:

- 佛州电力公司,即本次银团项目的借款人,是该集团经营"受管制"电力业务,负责佛罗里达州东部地区发电、电力采购以及电力输送。它是佛罗里达州最大的电力公司之一,也是全美能源效率最高的电力公司。

- 新世纪能源有限责任公司(NextEra Energy Resources LLC),主营"非受管制"发电业务,以风力发电为主,在美国

17个州和加拿大拥有约 7 540 兆瓦的发电能力，位居全美第一。

由于电力行业属资本密集型，企业运营需要长期资本投入，不断扩大发电能力和供电范围，实现业务和收入的稳定增长。同时，受法律和政府电价管理的控制，受管制电力公司的利润率为法定，能源价格波动能直接转嫁给消费者，因此现金流稳定，受经济波动负面影响有限，一直是银行的优质客户群。

（二）营销策略

传统上，美国大部分优质企业主要依靠欧美银行提供资金支持，对中资银行了解甚少，中资银行难以打入市场。但在全球金融危机的背景下，佛州电力集团等部分美国企业开始意识到分散融资来源渠道对公司财务安全和长远发展的重要意义，对实力日益强大的中资银行敞开了大门。招商银行纽约分行也嗅到了金融危机带来的新机遇，对这类优质又认同中资银行的企业进行重点营销，邀请集团高级管理层多次拜访纽约分行和总行，旨在建立长期合作关系。

经过近两年的沟通和接触，2010 年初佛州电力集团正式发出邀请，要求招商银行与法国巴黎银行、西班牙桑坦德银行和中国银行组成联合牵头行。

（三）银团结构

该银团项目为承诺性高级别无担保 3 年期循环贷款授信额度。像美国很多投资级企业的承诺性循环授信额度一样，该银团一般不提款，只是给企业做流动性备用支持，当借款人有急用又缺乏其他现金来源时才会提款。此时除非借款人不符合合同预先约定的提款条件，参贷银行有义务在合同约定的时间内按参贷比例放款。

该授信额度还可以作为企业发行商业票据的支持。商业票据的持有人知道一旦借款人没有足够现金偿还商业票据义务时，借款人可以向该授信额度提款，参贷银行有义务放款。因此，在一般情况下这种商业票据流动性很高，利率较低，即使加上承诺费，其总利率也往往低于贷款利率，因此有替代银行贷款的功能。

该银团的主要条款如表 A–1 所示。

表 A–1　　　　佛罗里达电力公司银团项目条款表

授信额度结构与概述	
	循环贷款授信额度
借款人	佛罗里达电力照明公司
授信额度	高级别无担保循环贷款授信
联合牵头安排行	法国巴黎银行、招商银行、中国银行、桑坦德
银团管理行	法国巴黎银行
授信金额	最高 5 亿美元
包销部分	2.5 亿美元
目的	一般公司用途
到期日	自交易结束之日起 3 年，1 年展期
定价	额度费：××个基点
	提款利差：5 年期信用掉期利差的 80%
	最低提款利差：×××个基点
财务限制条款	最高融资债务与市值比为××:1

（四）银团交易结构

该银团是美国有市场标准的承诺性高级别无担保循环额度银团，从发起到分销的全过程都按照国际通行的流程展开。

1. 银团准备。借款人佛州电力公司在确定融资需求后在国际市场选取有实力、有经验而且关系密切的银行作为主牵头行和联合牵头行组织整个银团的全过程。牵头行与借款人商讨贷款的金额、期限、费率、主要条款等主要条件以及各家银行至少要承担的份额。各牵头行内部信贷审批批准承担份额后，牵头行与佛州电力公司一同起草银团意向书（Confidential Information Memo）等文件，列明银团的时间安排、规模、定价、额度类型以及借款人简介等，在市场上寻找有兴趣的银行，将剩余的牵头行未承担的部分分销给参与行。

2. 律师的选定。主牵头行与联合牵头行一起议定交易结构，并聘请 Shearman&SterlingLLP 律师事务所作为银团的律师起草条款书、信贷合同等文本。佛州电力公司也自己聘请了 Squire, Sanders&Dempsey LLP 律师事务所配合牵头行工作并保障自身权益。由于银团律师通常为信誉较高的律师事务所，参加行可以选择不另聘律师。但为了进一步保障自身权益不被借款人和牵头行侵害，很多参加行也会自行聘请律师审阅合同条款，但工作要简单得多。借款人律师和银团律师的费用通常由借款人承担，参加行的律师费用由参加行自身承担。

3. 交易结构确认

银团主要文本（包括银团合同、主要条款书等）起草完成后，联合牵头的各银行会对文本进行审阅并在期限内提出修改意见。在汇总所有修改意见并与佛州电力公司确认后，交易结构最终通过文本方式确定下来。

4. 分销

该笔银团采取了两级分销模式。第一阶段即一级银团，由 4 家联合牵头行承销。这个阶段一般开始较早，有兴趣参与并有较强资金实力和分销能力的银行会得到借款人或银团牵头行的邀请，在银团交易达成前沟通拟承贷金额。一级银团由于承销份额较大，直接决定了该笔银团是否能成功发起，因此一般也会分享相对较高的前端费等手续费收入。第一阶段完成后，银团分销进入第二阶段,即二级银团。牵头银行团会向更多的银行发出邀请,邀请其参与该银团的剩余份额。由于参与份额较小且参加行与借款人不一定有直接客户关系,虽然适用同样的银团贷款条件,但参与行所获得的费用收益会低得多。

5. 完成银团项目

在二级分销完成后,该银团项目即告完成,市场响应积极,获得超额认购。但佛州电力公司综合考虑财务成本和市场承受能力,并未选择增加银团总额度。为了让更多银行有机会参与该笔银团,4家联合牵头行降低了承贷份额,分别承贷7 200万美元,其他13家参与行共同承贷2.12亿美元。此后,持有份额的各家银行还可以在银团二级市场交易和转让所持的部分或全部份额。

二、案例评鉴

(一) 交易亮点

该银团是国际银行市场上的标准银团贷款项目,整个交易体现出以下特点:

一是交易组织专业化。此类银团一般都由一家在银团贷款市场上有经验和实力的银行担任主牵头行,负责对客户做尽职调查、发起银团和组织银团分销,并聘请专业律师事务所负责起草相关文件,包括贷款协议、交易条款书等。联合牵头行则扮演影响交易结构、承担分销前较大份额的角色。同时,为保障交易结构设计合理和防范交易中的法律风险,借款人会组织财务团队并聘请律师配合牵头行参与配合银团发起和分销的全过程。交易各方参与者都会通过专业化的机构和团队参与以防范交易风险。

二是交易文本标准化。在欧美成熟的银团贷款市场,银团贷款合同和交易条款书（Term Sheet）虽然会因交易结构差异有所不同，但主要内容、格式和规范都遵循行业惯例和标准化原则，力求为交易各方所熟知和认可。银团交易合同会遵循美国银团及贷款交易协会（LSTA）制定的银团贷款合同范本起草确定，以最大限度地降低交易费用。

三是交易条款设置的灵活性。成熟银团市场的交易文本既遵循标准化的规范，交易结构设计者又会根据借款人的不同需求和市场状况设置个性化的条款。比如该笔银团中，在"额度类型"（Facility Type）中规定虽然该银团是循环授信额度，但在到期日借款人有选择权将其转成定期贷款；再比如在"承诺"（Commitment）中规定，虽然该笔银团总额为5亿美元，但如获超额认购，借款人有权在规定期限内根据承销情况向银团参与行申请增加总额度，最多不超过7.5亿美元。

四是交易分销模式市场化。在一个相对成熟和活跃的银团市场，银团贷款由于融资规模较大，一般都会采取多级分销的模式。同时，由于银团贷款二级市场相对成熟和发达，银团贷款可以在二级市场上自由交易和转让。

（二）重要意义

这是中资银行以联合牵头行身份在成熟银团贷款市场上参与的银团贷款项目，标志着中资银行正在成为国际主流银团市场上积极而重要的参与者。伴随着中资银行国际化水平和自身实力的不断提升，中资银行已经成为国际银团市场上不可忽视的重要力量，得到了国际市场和国际知名企业的认同。

更重要的是，积极参与主流银团贷款项目的过程正是中资银行学习成熟市场经验和熟悉国际规则的过程。中资银行在海外银团市场上的历练和经验积累，成为国内银团市场培育和走向成熟的重要补充,是引入国际规则和建立标准化银团贷款市场的绝佳渠道。

两个银团贷款案例对比

一、青岛城阳市政项目银团贷款组织失败的案例

2002 年青岛市城阳区委、区政府确定了 14 个基础建设项目,计划总投资 62 475 万元,除去 6 个已落实资金项目外,其余 8 个项目合计总投资 58 820 万元。扣除项目单位自筹资金、财政拨付资金和已到位的银行贷款外,8 个项目尚有资金缺口 17 000 万元。

2002 年 8 月 13 日,城阳区政府组织了项目推介会,中国工商银行、中国农业银行、中国银行、中国建设银行、华夏银行等十家金融机构参加了会议。城阳区发展计划局向金融机构推介了有资金缺口的 8 个项目。这 8 个项目是:城阳区正阳路西扩工程、双元路环境整改工程、流亭立交桥周边环境改造工程、城阳植物公司建设二期工程、308 国道东侧排污暗渠工程、城阳泵站至污水处理厂管线及文阳路管线建设工程、虹子河改造工程和白沙河南岸排污管线建设工程。1.7 亿元的资金缺口中,7 000 万元由城阳区投资公司(该公司 2002 年 5 月成立,隶属城阳区政府,注册资金 1 亿元,主要功能是帮助区政府融资)作为贷款主体向银行申请贷款,投资公司以土地和区政府办公大楼为 7 000 万元贷款作抵押。剩余的 1 亿元资金缺口,区政府要求各金融机构提供贷款,由各金融机构自找贷款担保单位,再由区财政局向担保企业提供反担保。近几年来,青岛市城阳区发展迅猛,财政收入

以每年 40% 以上的速度增长。2002 年上半年完成财政收入 4 亿多元，预计全年达到 8 亿～10 亿元，地方财力比较雄厚。辖内各金融机构对城阳区政府推介的基建项目非常感兴趣，贷款积极性很高。区内大部分金融机构将区政府推介的基建项目迅速向其市分行进行了汇报，大多数分行当即表示积极支持。

年初，城阳区政府提出部分城建项目需要贷款支持的情况后，人民银行青岛中心支行有组织开办银团贷款的意向，并开展了一些前期准备、协调工作。但由于分摊到每个项目的贷款金额并不大，这 8 个项目中需要银行贷款最多的 1.3 亿元，最少的 750 万元，且建设周期不长，所有项目都要在 2002 年年底前建成完工，项目风险不大，各家商业银行争相承担更多的贷款份额，互不相让。城阳区政府考虑与当地金融机构的关系，提议由当地金融机构平均分担，最后经城阳区政府和项目单位共同协商，一致认为没有必要组织开办银团贷款，决定进行贷款招标，银团贷款计划失败。

二、淄博贵和造纸项目银团贷款组织成功的案例

山东贵和纸业集团是桓台县一家以造纸为主业的县属企业。2000 年实现销售收入 1.6 亿元，利税 1 600 万元。企业主导产品文化用纸、生活用纸市场竞争激烈。为增强企业持续发展能力，2001 年企业决定新上两个投资项目：年产 10 万吨高强度瓦楞纸项目及 18MW 热电厂项目。两项目均是国家鼓励重点发展的项目，市场前景好。其中，高强度瓦楞纸项目产品替代进口，热电联供项目属国家鼓励发展产业。两项目共需资金 2.2 亿元，其中企业自筹 6 000 万元，拟向银行申请贷款 1.6 亿元。2001 年初企业自筹部分已基本到位，但银行贷款难以落实。面临的困难主要

有两点：一是商业银行基层支行无贷款审批权限，虽然部分基层商业银行已同意企业贷款申请，但面临如何争取商业银行市及省级分行支持的问题；二是没有哪一家县内金融机构敢全部承担企业项目投资失败的风险。人民银行桓台县支行了解到贵和集团面临较大的资金缺口后，首先组织有关人员深入企业调查了解企业真实状况，在取得详细第一手资料的基础上，着手考虑解决企业筹集资金的具体方法。第二步，多次组织各金融机构分管信贷的行长及信贷人员深入企业调查。认真分析两项目产品市场前景，评估了企业经营管理水平，并召开了全县金融联席会专题研究。第三步，金融机构达成共识，决定采用银团贷款方式对企业进行支持，成功签订银团贷款协议。根据各金融机构承贷意向，桓台县中国工商银行承贷 4 000 万元，中国农业银行 3 000 万元，中国银行 150 万美元，中国建设银行 3 000 万元，农信社 2 000 万元。《银团贷款协议》出台后，引起各成员行市分行的高度重视，一些分行还专门组织信贷人员到企业了解情况。同时，协议签订后吸引淄博市商业银行为企业提供贷款 3 500 万元。2002 年该商业银行在桓台设立支行后，又继续为企业注入贷款 2 000 万元。

　　银团贷款组织实施以来，达到了预期的效果。截止到 2002 年 4 月末，全县金融机构共为企业增加贷款 1.4 亿元，外汇贷款 150 万美元，满足了企业项目建设进度资金需求。5 月中旬，电厂第一台锅炉已经点火，10 月底另外两台将点火运行。高强度瓦楞纸项目 6 月底试运行一次成功，当时预计 2002 年底将占有国产高强度瓦楞纸 80% 的市场份额。企业负责人认为，投资这样规模的项目，能在一年时间内顺利达标投产，银团资金到位快发挥了关键作用。

三、城阳市政项目为什么难以组成银团贷款

（一）目标市场错位

项目风险确定且相对较低。银团贷款的本质是分担不确定的风险，在当地商业银行看来，这8个城建项目是其信贷项目中风险最低的，即使出现风险，提供反担保的城阳区财政局每年税收增长40%以上，预计2002年税收在8亿元以上，代位偿还债务也不成问题，根本无需启动银团贷款的风险规避机制。特别是在重风险控制轻盈利的管理体制下，商业银行即使压低利率也争相贷款。在这种形势下，地方政府部门便采取了在商业银行之间招（投）标的办法，哪家商业银行开出的条件优惠，就让谁参与，根本不考虑采用银团贷款方式。

（二）市场结构：银行间的竞争均衡还没有形成

银团贷款是一种博弈，客观要求各参与合作的机构势均力敌以形成战略均势。但是当前商业银行尚可以从对抗中得到更多的利益，特别是股份制与国有商业银行的均势尚在形成之中，国有银行不甘心份额的流失，股份制银行的体制优势还没有完全转换为份额增长的胜势。2001年城阳区国有银行贷款份额下降2.7个百分点，股份制银行提高5.3个百分点，国有银行份额下降的趋势没有停止，且仍占有58.8%的较高份额。可以预期，在目标市场的份额分割达到均衡状态以前，各家银行间的对抗不会结束，合作尚有距离。

（三）市场容量有限，在博弈前已知最大回合数

合作的前提是各方对今后依然存在合作预期。如果各方都认

为合作是一次性或有限次数博弈，则纳什均衡很可能是不合作。从城阳个案看，参加贷款招标的各家商业银行清楚地知道城阳区目前只有8个项目进行招标，甚至对未来几年内需要贷款的城建项目也有较为一致的判断。也就是说，银行在博弈前已经知道了可能合作的最大次数。按照博弈论的分析，在可重复博弈次数已知的情况下，各参与银行在最后一轮博弈的最佳策略是损害对手选择对抗，同样在倒数第二轮的最佳策略还是对抗，以此类推，其结果就是一开始就选择对抗而不是合作。从机会成本与风险收益角度分析也能得出相似的结论。如果合作，相对于谈判成本而言，可能分摊到每家银行的获利并不多，就是贷款利息；如果展开破坏性竞争，一家银行即使贷款不成损失也不大，机会成本也是1 000万元的贷款利息，可一旦争取到全部的份额，就会获取较高的利润，将是1亿元的贷款利息。两种策略的潜在收益比高达1:10，也导致银行宁可对抗而不肯合作。

四、贵和纸业项目为什么能够成功组织银团贷款

贵和个案涉足的是县域民营企业，这一目标市场具有不确定的风险且容量巨大。由于存在民营企业财务信息不透明、银行对企业所有制认识有偏差等多方面问题，银行过去对民营企业的支持力度不强，很多民营企业的信贷记录为空白。因此，对民营企业贷款仍要承担不确定的风险，且平均风险高于重点企业集团、上市公司与城建项目等等。随着山东省政府相继出台一系列鼓励民营经济发展的政策措施，民营企业面临前所未有的发展机遇，越来越多的民营企业达到了贷款条件，银行对民营企业贷款的潜在损失率逐步进入可承受区间。2001年末桓台县民营企业有380家，同比增加69家；实现盈利4.2亿元，同比增长22%。不难

看出，县域民营企业信贷市场这块尚未被开发的处女地，其中潜在的优质企业数量多，银行重复博弈的概率高，且次数不可限量。按照艾克斯罗德发现的规律，在未知次数的可重复博弈条件下，银行为了实现利润（无论是短期还是长期）最大化目标，选择合作是必由之路。充分考虑不确定风险对银行信贷管理决策的约束，选择银团贷款机制规避风险、分享收益，自然成为各家银行较为理想的合作方式。

首先，参与放贷的金融机构实力均衡。为一家没有信贷记录的企业单独、首先放款，这个行为的外部经济非常明显。如果企业没有向预期方向发展，这笔投入就变成了沉没成本，其他银行不会再放贷款、更不会分担成本。而一旦这笔贷款注入后企业发展良好，能够产生预期的利润，这家被开发的企业就变成了"公地"，很难不让其他银行放贷并获利。这就是银行开发信贷市场的外部经济性。

如果一家大银行拥有40%的份额，其他9家银行总共拥有60%的份额。假定开发需要花费10万元，由这个大银行出资开发市场，虽然不能得到全部的收益（其中有60%被"搭便车者"免费享有），但是实际收益40万元，也足以补偿其成本并且还可盈余30万元。大银行愿意独立开发市场，就是因为其为此所付出的成本能够由收益补偿。只要这个条件具备，就可以绕开谈判过程所引起的交易费用，直接使那种由于交易成本的困扰而难以实现的制度安排得以实现。如果没有大银行，设想10家银行各自占有10%的市场份额，自己得到的收益在扣除成本为零，其他免费搭车的银行反而可能获利10万元。这种外部经济，使所有的银行都不愿意独立负担成本。

从2001年末桓台县各家银行的贷款占全部金融机构的份额构成看，平均为14%，其中最高占到24.5%。很明显，桓台县各家金融机构的实力均衡，并不存在愿意创造外部经济的大银行，这就要求各家银行以分担沉没成本的银团方式共同开发市场。新经济史学派认为，"外部性"是不可否认的事实，制度变迁的过程就是外部经济内在化的过程。银团贷款制度确保各家银行共同负担开发成本并分享收益，使外部经济内在化，正是银团贷款制度产生并发展的根本动力。

其次，参与县域信贷市场的金融机构个数较少。集体行动难题的根源在于分散化，其困难程度也与分散化程度直接相关。成员越多的集体中，"搭便车"现象就越严重。桓台县的情况则是一个典型的小集体。2001年桓台县共有6家商业性金融机构对县内企业发放了贷款，2002年为7家。由于本地银行少，因而集体决策的谈判过程费用较低；同时，县域企业中得到异地放款的情况很少发生，本地银行开发市场后被外来银行搭便车的概率也不高。因此，小集体具有的高透明度，容易形成"选择性激励"，有助于抑制"搭便车"现象，使外部性内在化。银团贷款制度把若干要素所有者组成一个单位参加市场交换，从而减少市场当事者的数目，减少交易摩擦，减少交易成本，使经济行为主体获取潜在的利润。

中国银行北京市分行作为银团参加行的案例

一、基本情况

B项目计划总投资71.15亿元，建设期为3年，2009年11月开工，计划于2012年第4季度全部竣工。截至2009年末，该项目已完成投资33.4亿元，占项目全部投资的47%。

2009年12月，A房地产开发有限公司（以下简称"借款人"）就B项目建设申请银团贷款。M银行作为牵头行发起B项目银团贷款，贷款总额22亿元，期限5年，中国银行作为参加行参与份额11亿元。2009年12月，借款人与银团签订了借款合同，按照银团借款合同分配的份额比例，参加行贷款余额为6 000万元。

二、相关规定

《项目融资业务指引》第十五条规定："贷款人应当根据项目的实际进度和资金需求，按照合同约定的条件发放贷款资金。贷款发放前，贷款人应当确认与拟发放贷款同比例的项目资本金足额到位，并与贷款配套使用。"

第十六条规定："贷款人应当按照《固定资产贷款管理暂行办法》关于贷款发放和支付的有关规定，对贷款资金的支付实施管理和控制，必要时可以与借款人在借款合同中约定专门的贷款发放账户。"

第十九条规定："多家银行业金融机构参加同一项目融资的，原则上应采用银团贷款方式。"

三、执行难点分析

采用银团贷款方式贷款时，主要存在两个需重点关注的问题：一是银团贷款涉及主体较多，一旦协议对监管要求、代理行与参加行的职责约定不明，易导致管理真空；二是资金监控和贷后管理责任都交由代理行承担，参加行难以确保代理行切实履行各项职责，资金安全存在一定不确定性。

四、解决方案

参加行与借款人及代理行先后进行了 5 次银团会议,最终确定 2009 年 12 月 A 房地产开发有限公司(以下简称"借款人")就 B 项目建设申请银团贷款。M 银行作为牵头行发起 B 项目银团贷款,贷款总额 22 亿元,期限 5 年,中国银行作为参加行参与份额 11 亿元。2009 年 12 月,借款人与银团签订了借款合同,按照银团借款合同分配的份额比例,参加行贷款余额为 6 000 万元。

(一)通过合同条款对责任进行具体约定

1. 明确资本金到位要求。银团借款合同第 5.2(1)条、第 5.1(3)a 条和第 5.2(4)条规定了借款人首次提款当期的资本金已全部投入且资本金比例不低于项目当期总投资的 30%。截至各次提款申请日,借款人投入用款项目的资本金均已按工程进度全部投入且资本金比例不低于截止项目当期累计总投资的 30% 以及"四证"等合规性要求。另外,合同第 5.3(1)条中还约定了受托支付条件等。

2. 明确职责划分。在银团借款合同中明确由代理行承担账户监管、贷后监控、抵押担保事项等责任,并专门约定代理行应定期向参加行通报贷款的实施情况、管理情况及借款人的财务状况。

3. 明确权益划分。代理行代表参加行与借款人签署借款合同并办理相关抵押手续,并以自身名义代表参加行享有全部抵押权益、持有他项权利证书。代理行与参加行分别按主合同项下承诺额比例实际享有合同项下的担保权益,代理行将借款人支付的利息及归还的本金,按比例及时划付至参加行。

(二) 通过细化放款流程控制方案,确保监控责任落实到位

根据银团借款合同规定,借款人贷款资金的发放账户、销售回款账户以及保证金账户均开立在代理行,而贷后的资金流向监控也由代理行负责。同时,参加行通过"放款前的抵押状态确认——放款中的发放审核与支付事后复核——放款后的贷后检查"等一系列措施对代理行的监控责任进行监督。

1. 放款前——督促代理行确认土地抵押状态的安全性。在每次放款前,参加行均督促代理行对土地抵押状态进行确认,并由参加行与代理行双方一起向土地部门征询土地抵押状态意见,分别向各自发放审核部门进行说明。

2. 放款时——对代理行的贷款发放审核进行监督,并进行贷款支付事后复核。主要包括:一是确认代理行发放审核情况。贷款发放时,参加行根据代理行出具的放款通知书,要求代理行必须同时提交借款人的贷款用途证明材料、合规文件、资金到位证明、工程进度证明等相关材料。参加行据此审查其贷款支付方式是否符合合同约定,贷款用途是否符合贷款要求及合同约定。在审核确认无误后,才将该笔贷款划至代理行指定账户。二是对贷款支付进行事后复核。贷款支付后,代理行应及时向参加行提供转账凭证、发票、受托支付与自主支付明细等相关资金支付资料。参加行据此对贷款支付进行事后复核:核实受托支付是否支付给交易对手;核实自主支付是否超过起点金额,在借款人账户停留时间是否合理,是否由借款人直接支付给交易对手,是否存在向同名账户或关联方账户划转的情形,是否符合合同规定用途等。如发现借款人违反约定的,参加行将及时通知代理行,督促其采取降低借款人受托支付起点金额,要求划回违约支付的贷款

资金或停止贷款资金发放等限制措施。

3. 放款后——督促代理行履行资金监控职责，与代理行进行联合检查。主要措施有：一是要求代理行按季通报贷后管理情况。按照按季通报要求，代理行要向参加行提交贷后检查报告书、借款人的财务报告、施工进度表和销售进度表。二是明确贷后检查报告书主要内容。贷后检查报告书包括但不限于贷款的提款用款情况、支付情况、上一季度管理人员变动情况、财务状况分析、资金安排有无特殊变化等。三是参加行开展贷后实地检查。收到报告书之后，参加行要和代理行一起到项目所在地进行贷后实地检查，对代理行提交的贷后检查报告书内容进行逐项核实，确认代理行贷后监控效果，保障自身份额的资金安全。检查中发现实际情况与报告书存在偏差的，及时与代理行沟通解决，并向参加行贷后管理部门汇报。

五、案例点评

如何保证自身贷款权益能够维护到位是所有银团贷款参加行应关注的重点。但在业务实践中，一些银团贷款参加行贷款权益维护观念淡薄，职责履行缺乏主动性，贷款风险判断与职责履行对代理行过度依赖。如，虽然通过合同约定了双方职责、权益，但履行职责时缺乏独立判断，代理行怎么判断就怎么执行；同时，对于代理行代理职责是否履行到位，完全依赖于代理行的自觉诚信，未能采取积极有效的监督与跟踪措施。一旦银团贷款出现风险甚或损失时，首当其冲受损的便是参加行的贷款权益，而且这也是参加行与代理行各种法律纠纷产生的根源。本案例中，中国银行北京市分行作为银团贷款参加行采取的系列措施，非常值得借鉴，尤其是细化银团合同条款对代理行和参加行的责任进

附件 4
其他银行操作的部分银团贷款实例

行具体约定、设计制度化的约束机制强化贷款监控责任、细化放款流程控制方案这几点关键措施,对于维护自身贷款权益、切实履行参加行与主办行之间的职责分工,具有较好成效和较高的参考价值。

附件 5 银团贷款业务指引

为促进和规范银团贷款业务，分散授信风险，推动银行同业合作，根据《中华人民共和国银行业监督管理法》《中华人民共和国商业银行法》等法律法规，制定《银团贷款业务指引》。《银团贷款业务指引》于 2011 年 8 月 1 日由中国银行业监督管理委员会以银监发〔2011〕85 号印发。《银团贷款业务指引》分总则、银团成员、银团贷款的发起和筹组、银团贷款合同、银团贷款管理、银团贷款收费、银团贷款转让交易、附则 8 章 51 条，自公布之日起实施。2007 年 8 月 11 日印发的《银团贷款业务指引》（银监发〔2007〕68 号）予以废止。

第一章 总 则

第一条 为促进和规范银团贷款业务，分散授信风险，推动银行同业合作，根据《中华人民共和国银行业监督管理法》、《中华人民共和国商业银行法》等法律法规，制定本指引。

第二条 本指引适用于在中国境内依法设立并经营贷款业务的银行业金融机构（以下简称银行）。

第三条 银团贷款是指由两家或两家以上银行基于相同贷款条件，依据同一贷款合同，按约定时间和比例，通过代理行向借款人提供的本外币贷款或授信业务。

第四条 银行开办银团贷款业务，应当遵守国家有关法律法规，符合国家信贷政策，坚持平等互利、公平协商、诚实履约、风险自担的原则。

第五条 银行业协会负责维护银团贷款市场秩序，推进市标准化建设，推动银团贷款与交易系统平台搭建，协调银团贷款与交易中发生的问题，收集和披露有关银团贷款信息，制定行业公约等行业自律工作。

第二章 银团成员

第六条 参与银团贷款的银行均为银团成员。银团成员应按照"信息共享、独立审批、自主决策、风险自担"的原则自主确定各自授信行为，并按实际承担份额享有银团贷款项下相应的权利，履行相应的义务。

第七条 按照在银团贷款中的职能和分工，银团成员通常分为牵头行、代理行和参加行等角色，也可根据实际规模与需要在银团内部增设副牵头行、联合牵头行等，并按照银团贷款合同履行相应职责。

第八条 银团贷款牵头行是指经借款人同意，负责发起组织银团、分销银团贷款份额的银行。

牵头行主要履行以下职责：

（一）发起和筹组银团贷款，分销银团贷款份额；

（二）对借款人进行贷前尽职调查，草拟银团贷款信息备忘录，并向潜在的参加行推荐；

（三）代表银团与借款人谈判确定银团贷款条件；

（四）代表银团聘请相关中介机构起草银团贷款法律文本；

（五）组织银团成员与借款人签订书面银团贷款合同；

（六）银团贷款合同确定的其他职责。

第九条 单家银行担任牵头行时，其承贷份额原则上不得少于银团融资总金额的20%；分销给其他银团成员的份额原则上不得低于50%。

第十条 按照牵头行对贷款最终安排额所承担的责任，银团牵头行分销银团贷款可以分为全额包销、部分包销和尽最大努力推销三种类型。

第十一条 银团代理行是指银团贷款合同签订后，按相关贷款条件确定的金额和进度归集资金向借款人提供贷款，并接受银团委托按银团贷款合同约定进行银团贷款事务管理和协调活动的银行。

对担保结构比较复杂的银团贷款，可以指定担保代理行，由其负责落实银团贷款的各项担保及抵（质）押物登记、管理等工作。

代理行经银团成员协商确定，可以由牵头行或者其他银行担任。银团代理行应当代表银团利益，借款人的附属机构或关联机构不得担任代理行。

第十二条 代理行应当依据银团贷款合同的约定履行代理行职责。其主要职责包括：

（一）审查、督促借款人落实贷款条件，提供贷款或办理其他授信业务；

（二）办理银团贷款的担保抵押手续，负责抵（质）押物的日常管理工作；

（三）制定账户管理方案，开立专门账户管理银团贷款资金，对专户资金的变动情况进行逐笔登记；

（四）根据约定用款日期或借款人的用款申请，按照银团贷款合同约定的承贷份额比例，通知银团成员将款项划到指定账户；

（五）划收银团贷款本息和代收相关费用，并按承贷比例和银团贷款合同约定及时划转到银团成员指定账户；

（六）根据银团贷款合同，负责银团贷款资金支付管理、贷后管理和贷款使用情况的监督检查，并定期向银团成员通报；

（七）密切关注借款人财务状况，对贷款期间发生的企业并购、股权分红、对外投资、资产转让、债务重组等影响借款人还款能力的重大事项，在借款人通知后按银团贷款合同约定尽早通知各银团成员；

（八）根据银团贷款合同，在借款人出现违约事项时，及时组织银团成员对违约贷款进行清收、保全、追偿或其他处置；

（九）根据银团贷款合同，负责组织召开银团会议，协调银团成员之间的关系；

（十）接受各银团成员不定期的咨询与核查，办理银团会议委托的其他事项等。

第十三条 代理行应当勤勉尽责。因代理行行为导致银团利益受损的，银团成员有权根据银团贷款合同约定的方式更换代理行，并要求代理行赔偿相关损失。

第十四条 参加行是指接受牵头行邀请，参加银团并按照协商确定的承贷份额向借款人提供贷款的银行。参加行应当按照约定及时足额划拨资金至代理行指定的账户，参加银团会议，做好贷后管理，了解掌握借款人日常经营与信用状况的变化情况，及时向代理行通报借款人的异常情况。

第三章　银团贷款的发起和筹组

第十五条 有下列情形之一的大额贷款，鼓励采取银团贷款方式：

（一）大型集团客户、大型项目融资和大额流动资金融资；

（二）单一企业或单一项目融资总额超过贷款行资本净额10%的；

（三）单一集团客户授信总额超过贷款行资本净额15%的；

（四）借款人以竞争性谈判选择银行业金融机构进行项目融

资的。

各地银行业协会可以根据以上原则，结合本地区实际情况，组织辖内会员银行共同确定银团贷款额度的具体下限。

第十六条 银团贷款由借款人或银行发起。牵头行应当与借款人谈妥银团贷款的初步条件，并获得借款人签署的银团贷款委任书。

第十七条 牵头行应当按照授信工作尽职的相关要求，对借款人或贷款项目进行贷前尽职调查，并在此基础上与借款人进行前期谈判，商谈贷款的用途、额度、利率、期限、担保形式、提款条件、还款方式和相关费用等，并据此编制银团贷款信息备忘录。

第十八条 银团贷款信息备忘录由牵头行分发给潜在参加行，作为潜在参加行审贷和提出修改建议的重要依据。

银团贷款信息备忘录内容主要包括：银团贷款的基本条件、借款人的法律地位及概况、借款人的财务状况、项目概况及市场分析、项目财务现金流量分析、担保人和担保物介绍、风险因素及避险措施、项目的准入审批手续及有资质环保机构出具的环境影响监测评估文件等。

第十九条 牵头行在编制银团贷款信息备忘录过程中，应如实向潜在参加行披露其知悉的借款人全部真实信息。牵头行在向其他银行发送银团贷款信息备忘录前，应要求借款人审阅该银团贷款信息备忘录，并由借款人签署"对信息备忘录所载内容的真实性、完整性负责"的声明。必要时，牵头行也可以要求担保人审阅银团贷款信息备忘录并签署上述声明。

第二十条 为提高银团贷款信息备忘录等银团贷款资料的独立性、公正性和真实性，牵头行可以聘请外部中介机构如会计师事务所、资产评估事务所、律师事务所及相关技术专家负责评审编写有关信息及资料、出具意见书。

第二十一条　牵头行与借款人协商后，向潜在参加行发出银团贷款邀请函，并随附贷款条件清单、信息备忘录、保密承诺函、贷款承诺函等文件。

第二十二条　收到银团贷款邀请函的银行应按照"信息共享、独立审贷、自主决策、风险自担"的原则，在全面掌握借款人相关信息的基础上做出是否参加银团贷款的决定。银团贷款信息备忘录信息不能满足潜在参加行审批要求的，潜在参加行可要求牵头行补充提供相关信息、提出工作建议或者直接进行调查。

第二十三条　牵头行应根据潜在参加行实际反馈情况，合理确定各银团成员的贷款份额。在超额认购或认购不足的情况下，牵头行可按事先约定的条件或与借款人协商后重新确定各银团成员的承贷份额。

第二十四条　在牵头行有效委任期间，其他未获委任的银行不得与借款人就同一项目进行委任或开展融资谈判。

第四章　银团贷款合同

第二十五条　银团贷款合同是银团成员与借款人、担保人根据有关法律法规，经过协商后共同签订，主要约定银团成员与借款人、担保人之间权利义务关系的法律文本。银团贷款合同应当包括以下主要条款：

（一）当事人基本情况；

（二）定义及解释；

（三）与贷款有关的约定，包括贷款金额与币种、贷款期限、贷款利率、贷款用途、支付方式、还款方式及还款资金来源、贷款担保组合、贷款展期条件、提前还款约定等；

（四）银团各成员承诺的贷款额度及贷款划拨的时间；

（五）提款先决条件；

（六）费用条款；

（七）税务条款；

（八）财务约束条款；

（九）非财务承诺，包括资产处置限制、业务变更和信息披露等条款；

（十）违约事件及处理；

（十一）适用法律；

（十二）其他约定及附属文件。

第二十六条 银团成员之间权利义务关系可以在银团贷款合同中约定，也可以另行签订《银团内部协议》（或称为《银团贷款银行间协议》等）加以约定。银团成员间权利义务关系主要包括：银团成员内部分工、权利与义务、银团贷款额度的分配、银团贷款额度的转让；银团会议的议事规则；银团成员的退出和银团解散；违约行为及责任；解决争议的方式；银团成员认为有必要约定的其他事项。

第二十七条 银团成员应严格按照银团贷款合同的约定，及时足额划付贷款款项，履行合同规定的职责和义务。

第二十八条 借款人应严格按照银团贷款合同的约定，保证贷款用途，及时向代理行划转贷款本息，如实向银团成员提供有关情况。

第二十九条 银行开展银团贷款业务可以依据中国银行业协会制定的银团贷款合同示范文本，制定银团贷款合同。

第五章 银团贷款管理

第三十条 银团贷款的日常管理工作主要由代理行负责。代理行应在银团贷款存续期内跟踪了解项目的进展情况，及时发现银团贷款可能出现的问题，并以书面形式尽快通报银团成员。

第三十一条 银团贷款存续期间，银团会议由代理行负责定期召集，或者根据银团贷款合同的约定由一定比例的银团成员提议召开。银团会议的主要职能是讨论、协商银团贷款管理中的重大事项。

第三十二条 银团会议商议的重大事项主要包括：修改银团贷款合同、调整贷款额度、变更担保、变动利率、终止银团贷款、通报企业并购和重大关联交易、认定借款人违约事项、贷款重组和调整代理行等。

第三十三条 银团贷款出现违约风险时，代理行应当根据银团贷款合同的约定，负责及时召集银团会议，并可成立银团债权委员会，对贷款进行清收、保全、重组和处置。必要时可以申请仲裁或向人民法院提起诉讼。

第三十四条 银团贷款存续期间，银团成员原则上不得在银团之外向同一项目提供有损银团其他成员利益的贷款或其他授信。

第三十五条 银团成员在办理银团贷款业务过程中发现借款人有下列行为，经指正不改的，代理行应当根据银团贷款合同的约定，负责召集银团会议，追究其违约责任，并以书面形式通知借款人及其保证人：

（一）所提供的有关文件被证实无效；

（二）未能履行和遵守贷款合同约定的义务；

（三）未能按贷款合同规定支付利息和本金；

（四）以假破产等方式逃废银行债务；

（五）贷款合同约定的其他违约事项。

第三十六条 银团成员在开展银团贷款业务过程中有以下行为，经银团会议审核认定违约的，可以要求其承担违约责任：

（一）银团成员收到代理行按合同规定时间发出的通知后，未按合同约定时限足额划付款项的；

（二）银团成员擅自提前收回贷款或违约退出银团的；

（三）不执行银团会议决议的；

（四）借款人归还银团贷款本息而代理行未如约及时划付银团成员的；

（五）其他违反银团贷款合同、本业务指引以及法律法规的行为。

银团成员之间的上述纠纷，不影响银团与借款人所定贷款合同的执行。

第三十七条　开办银团贷款业务的银行应当定期向当地银行业协会报送银团贷款有关信息。内容包括：银团贷款一级市场的包销量及持有量、二级市场的转让量、银团贷款的利率水平、费率水平、贷款期限、担保条件、借款人信用评级等。

第三十八条　开办银团贷款业务的银行应当依据本指引，结合自身经营管理水平制定银团贷款业务管理办法，建立与银团贷款业务风险相适应的管理机制，并指定相关部门和专人负责银团贷款的日常管理工作。

第三十九条　银行向大型集团客户发放银团贷款，应当注意防范集团客户内部关联交易及关联方之间相互担保的风险。对集团客户内部关联交易频繁、互相担保严重的，应当加强对其资信的审核，并严格控制贷款发放。

第六章　银团贷款收费

第四十条　银团贷款收费是指银团成员接受借款人委托，为借款人提供银团筹组、包销安排、贷款承诺、银团事务管理等服务而收取的相关中间业务费用，纳入商业银行中间业务收费管理。

银团贷款收费应当按照"自愿协商、公平合理、质价相符"的原则由银团成员和借款人协商确定，并在银团贷款合同或费用函中载明。

第四十一条 银团贷款收费的具体项目可以包括安排费、承诺费、代理费等。银团费用仅限为借款人提供相应服务的银团成员享有。

安排费一般按银团贷款总额的一定比例一次性支付；承诺费一般按未用余额的一定比例每年根据银团贷款合同约定的方式收取；代理费可以根据代理行的工作量按年支付。

第四十二条 银团贷款的收费应当遵循"谁借款、谁付费"的原则，由借款人支付。

第四十三条 牵头行不得向银团成员提出任何不合理条件，不得以免予收费的手段，开展银团贷款业务竞争，不得借筹组银团贷款向银团成员和借款人搭售其他金融产品或收取其他费用。

第七章 银团贷款转让交易

第四十四条 银团贷款转让交易是指银团贷款项下的贷款人作为出让方，将其持有的银团贷款份额转让给作为受让方的其他贷款人或第三方，并由受让方向出让方支付转让价款的交易。

银团贷款转让交易不得违反贷款转让的相关监管规定。

第四十五条 转让交易的定价由交易双方根据转让标的、市场等情况自行协商、自主定价。

第四十六条 转让交易的出让方应当确保与转让标的相关的贷款合同及其他文件已由各方有效签署，其对转让的份额拥有合法的处分权，且转让标的之上不存在包括债务人抵销权在内的任何可能造成转让标的价值减损的其他权利。

出让方应当为转让交易之目的向受让方充分披露信息，不得提供明知为虚假或具有误导性的信息，不得隐瞒转让标的相关负面信息。

第四十七条 转让交易的受让方应当按照转让合同的约定，受让转让标的并支付转让价款，不得将出让方提供的相关信息用于任何非法目的，或违反保密义务使用该信息。

第四十八条 代理行应当按照银团贷款合同的约定及时履行转让交易相关义务；其他银团成员、担保人等相关各方应当按照银团贷款合同的约定履行相关义务，协助转让交易的顺利进行。

第八章 附 则

第四十九条 依法设立的非银行金融机构开办银团贷款业务适用本指引。

第五十条 本指引由银监会负责解释。

第五十一条 本指引自公布之日起实施。2007年8月11日印发的《银团贷款业务指引》（银监发〔2007〕68号）同时废止。

附件6 银团贷款合作公约

第一章 总 则

第一条 为推动银团贷款业务发展，分散和防范授信风险，促进同业合作，维护银团贷款市场秩序，中国银行业协会银团贷款与交易专业委员会（以下简称"银团委员会"）根据《中国银行业协会章程》和《银团贷款业务指引》，制定本《银团贷款合作公约》（以下简称"本公约"）。

第二条 本公约适用于银团委员会成员行（以下简称"成员行"）及其在中国境内（不包括港、澳、台地区）的分支机构采取市场化、商业化运作的银团贷款业务。

第三条 本公约所称"银团贷款"是由两家或两家以上银行基于相同贷款条件，依据同一贷款协议，按约定时间和比例，通过代理行向借款人提供的本外币贷款或其他授信业务。

第四条 成员行愿意按照"利益共享、风险共担、独立审贷、自主决策"的原则，促进银团贷款业务合作，推动银团贷款业务健康发展。

第五条 成员行自觉遵守《银团贷款业务指引》，规范操作银团贷款业务。在银团贷款合作过程中，严格遵守国家有关法律、法规和中国人民银行、中国银行业监督管理委员会等部门颁布的相关规定，确保银团贷款业务的合法合规。

第二章 自 律 约 定

第六条 成员行自觉坚持为单一客户或单一项目提供融资总额超过10亿元人民币或等值外币的，原则上通过组建银团贷款的方式提供融资；为单一客户或单一项目提供融资总额超过 30 亿元人民币或等值外币的，应通过组建银团贷款的方式提供融资；响应并支持对融资总额在 10 亿元人民币或等值外币以下、且风险较大的融资业务通过银团贷款方式进行；努力推动本公约生效前已形成的总额超过 10 亿元人民币或等值外币、由两家以上银行向同一借款人发放的双边贷款，逐步通过银团贷款方式予以置换。

第七条 倡导银团贷款牵头行将银团贷款邀请函发至银团委员会在本地区的成员行，为成员行积极参与银团贷款业务创造机会。

第八条 成员行自愿遵守银团收费报价成本收益匹配的原则；银团收费由借款人负担，银团不向参加行收取任何费用；收费参考标准为：安排费原则上按不低于银团贷款总额的 0.25% 的比例一次性收取，承诺费原则上按不低于未用贷款余额的 0.2% 的比例每年收取，代理费可根据代理行的工作量按年收取，独立中介费用按有关协议的约定收取。

第九条 成员行叙作银团业务应使用银团委员会统一制定的银团贷款前端文件示范文本和合同示范文本，并在该等示范文本的基础上，结合具体项目的要求和特点，制作贷款合同和其他相关融资文件。

第十条 成员行在不违反各自保密义务的前提下，应按银团委员会制定的《银团贷款业务数据统计报送制度》要求报送相关业务数据，实现信息共享。

第十一条 成员行转让银团贷款份额应遵守《银团贷款业务指引》的规定。转让交易完成后，代理行负责向银团委员会和当地银行业协会进行交易备案。

第十二条 代理行对银团资金管理承担一定义务，应审慎、勤勉、尽职，充分履行代理行职责，保证银团共同利益。

第十三条 银团委员会应根据成员行报备的业务数据定期对

牵头行、代理行、银团贷款余额和增长额以及二级市场交易量等进行排名公布。

第十四条　各成员行应组建银团贷款专业化团队，开辟信贷审批快速通道，在有效防范授信风险条件下，提供银团贷款的后台支持和组团效率，并通过建立有效银团贷款考核激励机制来推动银团贷款业务快速发展。

第十五条　鼓励成员行就银团贷款中发生的银行间纠纷向银团委员会提请协调解决，但该协调解决机制并不影响各银团成员就该等纠纷依据法律或相关合同约定所享有的任何权利主张。

第十六条　任何成员行均有义务对银团贷款中发生的违反本公约的行为向银团委员会举报。经银团委员会办公室查实后，提请银团委员会常委会按照本公约第十七条的规定进行相应处理。

第三章　罚　则

第十七条　对违反本公约的成员行，银团委员会将根据相关程序、视违约程度进行以下相应的自律惩戒：

（一）银团委员会对其警示并责令限期整改；

（二）银团委员会对其进行内部通报批评；

（三）银团委员会暂停、取消其银团委员会成员行资格；

（四）建议中国银行业协会暂停、取消其会员行资格；

（五）报请中国银行业监督管理委员会对其进行监管处罚。

第四章　附　则

第十八条　本公约自银团委员会全体成员会议审议通过后生效。本公约生效后加入中国银行业协会银团贷款与交易专业委员会的成员行将被视为承认并受本公约约束。

第十九条　本公约由银团委员会负责解释和修订。

SYNDICATION LOAN

参考文献

参考文献

［1］中国银行业协会银团贷款与交易专业委员会编著：《银团贷款理论与实务》，中国金融出版社 2011 年 6 月第 1 版。

［2］刘胜题著：《国际银团贷款法律风险分析》，中国财政经济出版社 2013 年 4 月第 1 版。

［3］陈恩良著：《国际辛迪加贷款理论与实务》，中国金融出版社 2004 年版。

［4］邹小燕著：《国际银团贷款》，中信出版社 2002 年版。

［5］中国银行业协会：《银团贷款行业发展报告》，2012 年 8 月。

［6］中国银行业监督管理委员会《银团贷款业务指引》（修订）银监发［2011］85 号，2011 年 8 月。

［7］《财经》杂志，《信贷资产流转＝盘活存量资金＋影子银行阳光化》，2013 年 8 月。

［8］耿毅："国家开发银行改革发展管理战略分析"，《财经问题研究》2013 年第 5 期。

［9］唐茂恒、杨心心："国内外银团贷款市场的比较分析"，《国际金融》2013 年 1 月。

［10］张进："银团贷款市场筹组模式及发展策略探析"，华中科技大学 2012.10。

［11］黎四奇："我国银团贷款所遭遇的瓶颈与对策问题分析"，《金融法》2011 年上卷。

［12］徐浩："我国商业银行银团贷款业务发展的对策研究"，海南大学 2011.4。

［13］秦凯、沈国儒："银团贷款发展瓶颈与对策讨论"，《华北金融》2010 年第 6 期。

［14］贾瑛瑛："加强同业合作 推动我国银团贷款市场规范发展——访中国银行业协会银团贷款与交易专业委员会主任朱小

黄",《中国金融》2009年第17期。

[15] 夏琳玲:"发展我国银团贷款业务的探讨",西南财经大学2009.5。

[16] 蔡英洁:"中国政策性银行在改革进程中的风险管理研究",苏州大学2009.4。

[17] 赵青青:"我国银团贷款市场现状分析与发展对策研究",西南财经大学2008.12。

[18] 冯静生:"银团贷款:国际经验借鉴与发展策略",《广西金融研究》2007年第9期。

[19] 刘鹏:"银团贷款在香港的运作模式和内地的前景",《新金融》2007年第5期。

[20] 杜军旗:"政府融资平台类客户信贷信用风险分析",吉林大学2007.6。

[21] 王汀汀:"国际银团贷款市场发展及其借鉴",《中国金融》2006.10。

[22] 毛德一:"积极发展我国银团贷款市场",东北财经大学2004.12。

[23] 毛德一:"积极发展我国银团贷款市场",东北财经大学2004.12。

[24] 彭江波:"目标市场选择与制度创新路径:银团贷款案例分析",《金融研究》2002年第12期(总270期)。

[25] 北京银监局编著:《贷款新规实例操作与评析》,中国金融出版社2010年版。

[26] Thomson Reuters, Global Syndicated Loans Review, 2013.9.

[27] Dealogic, Global Loans Review, 2013.6.